ROM
VENEDIG
MAILAND
VERONA
Gardasee
Brenta
Latemar
Rosengarten
Karersee
Lavazé Joch
Joch Grimm
ALTREI
TRIENT
S. LUGANO
KALTENBRUNN
TRUDEN
EGGEN
WELSCHNOFEN
RADEIN
ALDEIN
MONTAN
SALURN
NEUMARKT
Mendel Pass
BIRCHABRUCK
DEUTSCHNOFEN
AUER
KURTATSCH
Schlern
TRAMIN
FONDO
CLES
MALE'
TIERS
Kalterer See
KALTERN
LEIFERS
WEINSTRASSE
UNSERFRAU I. W.
Montiggler See
Gampen Pass
ULTENT
VÖLS
SEIS
KASTELRUTH
EPPAN
BOZEN
GIRLAN
ST. PAULS
ST. PANKRAZ
WOLFSGRUBEN
ANDRIAN
KLOBENSTEIN
OBERBOZEN
Jenesien
TISENS
VIGILJOCH
EISACKTAL
RITTEN
ETSCHTAL
NALS
TERLAN
MÖLTEN
VILPIAN
VÖRAN
HAFLING
BURGSTALL
WAIDBRUCK
SARNTHEIN
LANA
MARLING
SARNTAL
KLAUSEN
MERAN
DURNHOLZ
TÖLL
FORST
ALGUND
PARTSCHINS
NATURN
BRIXEN
SCHENNA
TIROL
RIFFIAN
PASSEIERTAL
Hohe
VAHRN
Penser Joch
ST. LEONHARD
NEUSTIFT
Jaufen Pass
PFELDERS
SCHABS
FRANZENSFESTE
KALCH
RATSCHINGS
MOOS
Timmelsjoch
MITTEWALD
STILFES
MAULS
GASTEIG
STERZING
MAREIT
RIDNAUN
WIESEN
Rosskopf
Zuckerhütl
Zirog
GOSSENSASS
STUBAIER ALPEN
KEMATEN
ST. JAKOB
BRENNERBAD
PFLERSCH
BRENNER PASS
WIEN
PARIS
MÜNCHEN

Klettersteige
Dolomiten

Umschlagbilder

Vorderseite: Reinhold Messner an der Schlüsselstelle des Tomaselli-Steiges (Südliche Fanis-Spitze)

Foto Reinhold Messner

Seite 1: Am Schleierweg in der Palagruppe, rechts die berühmte Schleierkante an der Cima della Madonna

Foto Reinhold Messner

Seite 3: Schleierweg in der Pala

Foto Reinhold Messner

Rückseite: Hängebrücke am Monte Cristallo (Ivano-Dibona-Weg)

Foto Reinhold Messner

Übersichtskarte (rückwärtiges Vorsatzblatt):
Reproduktion eines Ausschnittes aus der Freytag-Berndt-Schulhandkarte Südtirol 1 : 400.000 mit freundlicher Genehmigung des Verlages Freytag-Berndt u. Artaria, Wien

36.- 45 . Tausend

1980

Umschlaggestaltung: Roland Prünster, Bozen
Fotolithos: Oswald Longo, Frangart
Gesamtherstellung: ATHESIADRUCK, Bozen
ISBN 88-7014-026-1

REINHOLD MESSNER

Klettersteige Dolomiten

60 gesicherte Höhenwege zwischen Brenta und Drei Zinnen

Fünfte Auflage

VERLAGSANSTALT ATHESIA · BOZEN

Madonna di Campiglio/Brenta, Foto Chr. Mayr

Junges Schneehuhn, Foto H. Schrempp

Aufstieg an der Ferrata delle Trincee

Langkofel von der Marmolata, Foto H. Frass

DOLOMITEN
Klettersteige – mehr

Die Dolomiten mit ihren Türmen, Scharten, Graten und Wänden sind eine Herausforderung für jeden bergbegeisterten Menschen. In der Vielzahl ihrer Formen, in den sich ständig verändernden Farben, im Kontrast zwischen Almwiesen und senkrechtem Fels liegt ein einzigartiger Reiz.

Man braucht aber nicht unbedingt Kletterer zu sein, um Eingang in diese sagenumwobene Berglandschaft zu finden. In den Tälern, am Rand zwischen Wald und Kar gibt es ungezählte Wanderwege, und oben auf den Bändern, in den Wänden und Schutthalden führen versicherte Klettersteige von Scharte zu Scharte, von Hütte zu Hütte, auf die wichtigsten Gipfel.

Diese Klettersteige geben dem trittsicheren und schwindelfreien Bergwanderer die Möglichkeit, neue Ausblicke, neue Höhen und neue Dimensionen kennenzulernen.

Der angehende Felsgeher holt sich auf ihnen Erfahrung und Ausdauer, die älteren Bergsteiger erinnern

Murmeltiere, Foto H. Schrempp

Brentagruppe, Bocchette-Weg, Foto H. L. Stutte

Abstieg am Sentiero Brentari

Sonnenuntergang am Sellajoch, Foto Fritz Keitsch

als ein Spaziergang

sich dabei gerne an die Dolomitenerlebnisse ihrer Jugend.

Vor allem aber helfen die Berge dem Wanderer dort oben, Ruhe zu gewinnen, nachdenken zu können, Selbsterkenntnis zu erlangen. Es ist erstaunlich, wohin einige Morgennebel, ein Gipfelmeer oder ein nahendes Gewitter die Gedanken des Menschen führen können, welche Gefühle ein aufgeschrecktes Schneehuhn oder der Pfiff eines Murmeltieres nach einer ausgesetzten Klettersteige-Tour in uns wachrufen können. Auf den voneinander oft grundverschiedenen Teilstrecken, den fortwährend sich verschiebenden Formen, der Abwechslung zwischen Anstrengung und Erholung, zwischen lebloser und belebter Welt, erlebt der Bergsteiger die reiche Skala großartiger Naturerlebnisse, wie sie nur die Berge bieten.

Und deshalb — so denke ich wenigstens — bedeuten die Klettersteige in den Dolomiten für viele Stadtmenschen eine sinnvolle Möglichkeit, einen Teil ihrer Freizeit zu verbringen.

Wandern extrem

Was ist das »Wandern« an Drahtseilen, an Eisenklammern, über Hängebrücken für eine Art des Bergsteigens? Viele Kletterer — die sich selbst als zünftig bezeichnen — betrachten diese Klettersteige nicht als eine ernsthafte Angelegenheit, sie lächeln über diese »vie ferrate« und bezeichnen den Bocchette-Weg als den »oberen Radfahrweg« im Gegensatz zum »Orsi-Steig«, den »unteren Radfahrweg«.

Als begeisterter Freikletterer bin ich zwar gegen übernagelte Routen, aber für die Klettersteige. Und zwar nicht, weil meine erste Bergtour ein Klettersteig war, auch nicht, weil ich nach einer großen Dolomiten-Fahrt oft froh war, über eine versicherte Steiganlage abklettern zu können, sondern einfach deshalb, weil die versicherten Höhenwege eine Mittelstufe erlauben zwischen der Hochgebirgswanderung und der reinen Freikletterei.

Das Bergsteigen hat wie jede menschliche Beschäftigung verschiedene Stufen und obwohl es dem Kletterer, der den klassischen fünften Grad ohne Bohrhaken nicht gehen kann, freisteht, in eine leichtere Tour einzusteigen, da es ungezählte Dreier- und Viererrouten gibt, bliebe es dem fortgeschrittenen Wanderer, dem ein einfacher Spaziergang nicht mehr genügt, ohne Versicherungsanlagen versagt, Eingang in die steilen und ausgesetzten Dolomiten-Wände zu finden: ein Reich, das neue Horizonte auftut, aber auch Anstrengungen, Gefahren, Zufälle birgt. Das »extreme Wandern« ist also eine ernsthafte Angelegenheit, bleibt aber Zerstreuung, Vergnügen, Unterhaltung für den, der sich nicht überschätzt.

In der Schlüsselstelle am Tomaselli-Steig, Fanes

Geschichte und Entstehung der Klettersteige

Um die Jahrhundertwende, noch bevor die Ostalpen vollkommen erschlossen waren, wurden vielbegangene Scharten und Wegstücke durch die Anbringung von Drahtseilen, Stufen und Eisenklammern entschärft (1869: erste Sicherung der Glockner-Scharte; 1899: Heilbronner Weg im Allgäu; 1903: Egger-Steig im Wilden Kaiser).

Die erste versicherte Steiganlage in den Dolomiten erbaute die Sektion Pößneck des DAV an der Nordwestwand des Piz de Ciavázes. Dabei folgte man ungefähr der Route, die die Bozner Paul Mayr und Georg Haupt ein paar Jahre zuvor (1907) durch die steile, graue Wand auf den westlichen Plateaurand der Sella und weiter auf den Piz Selva eröffnet hatten.

Die Führe, die von den Erstbegehern in freier Kletterei eröffnet worden war und den Schwierigkeitsgrad III/IV aufwies, wurde so gut versichert, daß sie nun als »Klettersteig« von weniger geübten Bergsteigern ohne besondere Gefahr bewältigt werden konnte.

Nach dem ersten Weltkrieg und besonders in den letzten Jahren wurden mehrere an der Dolomitenfront erbaute Steiganlagen (Alpini-Weg in den Sextener Dolomiten) für den Bergsteiger wiederhergestellt.

Mit den ersten künstlichen Weganlagen in der Brenta aber erst begann die eigentliche Entwicklung zum versicherten Klettersteig.

Die oft schwierigen und zeitraubenden Zustiege zu den eigentlichen Klettertouren sollten verkürzt werden. Die SAT, ein unabhängiger Trientiner Bergsteigerverein, und der CAI unterstützten die Arbeiten. Der erste dieser Steige, der »Bocchette-Weg« folgt großteils natürlichen Bändern, führt, ohne einen Gipfel zu berühren, durch Rinnen und Scharten von einer Hütte zur anderen.

Als dieser kühne Steig von den immer zahlreicher in die Dolomiten strömenden Bergwanderern entdeckt wurde, gelangte er in kürzester Zeit zu Berühmtheit. Weitere Steiganlagen wurden in der Brenta gebaut, andere in den Ampezzaner Dolomiten, es folgten die in der Schiaragruppe.

Das ursprüngliche Ideal, solche Steiganlagen nach dem Vorbild der »vie delle Bocchette« nicht auf die Gipfel zu führen, wurde aber vielfach mißachtet. Heute ist man deshalb in offiziellen Kreisen des CAI großteils gegen die »vie ferrate«. Auch eignen sich nicht alle Dolomitenstöcke für derartige Weganlagen, und einige Gebiete sind bereits übererschlossen.

Obwohl zwischen dem Anlegen eines Klettersteiges und dem »Übernageln« einer Kletterführe unterschieden werden muß — die Beweggründe sind völlig verschieden — sollte die Zahl der versicherten Weganlagen beschränkt bleiben. Und zwar nicht, weil dank der Steighilfen auch Nichtkletterern Anstiege möglich werden, die ihnen sonst versagt blieben, sondern allein deshalb, weil der kleine Dolomiten-Raum nicht mehr Steige zuläßt, wollen wir nicht auf den Erlebniswert verzichten, der zur Anlage solcher Steiganlagen berechtigt.

Training, Akklimatisation, Ernährung

Ein spezielles **Training** ist für den Begeher einer Klettersteige-Tour nicht notwendig, jedoch sinnvoll. Wer nicht regelmäßig wandert, radfährt oder Skilanglauf betreibt, sollte einige Monate vor dem geplanten Klettersteige-Urlaub mit Wanderungen oder Geländeläufen beginnen. Der ganze Organismus besonders aber das Kreislaufsystem müssen auf Dauerleistung trainiert werden.

Eine günstige Ausgangssituation, die durch Befreiung des Körpers von Stoffwechselschlacken und Giften, durch eine gesunde Darmbakterienflora, durch eine gute Verdauungsfunktion und das Ausschalten von Infektherden geschaffen wird, garantiert einen doppelten Genuß.

Eine langsame **Höhenanpassung** ist für die Dolomiten bei völliger Gesundheit nicht vonnöten. Sogar die Anfahrt mit dem Auto oder im Sessellift müssen nicht durch längeres Verweilen an der Bergstation ausgeglichen werden. Der plötzliche Druckunterschied, der oft als unangenehm empfunden wird, ist nach mehreren tiefen Atemzügen kaum noch zu spüren.

Wer Zeit hat und wessen physischer Zustand es erfordert, schaltet zwischen der Anreise und der ersten größeren Tour drei Akklimatisationstage ein.

Die **Ernährung** ist auf den meisten Klettersteige-Touren kein Problem. Da vielfach Hütten auf der Wegstrecke liegen, muß der Rucksack nicht allzuschwer sein (auf schmalen überdachten Bändern und in Kaminen bedeutet ein großer Rucksack eine zusätzliche Gefahr).

Die Verpflegung wird üblicherweise nach den Forderungen: Gewichtsreduktion, Kompaktheit, Haltbarkeit zusammengestellt. Im übrigen sollen die Nahrungsmittel leicht zuzubereiten und leicht verdaulich sein. Auch sollten nach Möglichkeit die alten Eßgewohnheiten beibehalten werden. Auf längeren Rundtouren empfiehlt es sich, eiweißarmen Proviant mitzunehmen.

Besonders zu empfehlen: Vollkornbrot
Nußbutter
Sesampaste
Datteln
Dörrfeigen
Dörrbananen

Vor der Einnahme von trockenem Traubenzucker bei plötzlichem Schwächegefühl möchte ich abraten. Der Traubenzucker sollte möglichst in kleinen Dosen und auf die ganze Tour verteilt genommen werden.

Das durch Schweiß verlorene Wasser sollte nicht allein mit Wasser ersetzt werden. 3—5 Gramm Kochsalz pro Liter Wasser (Fleischsuppe, Bouillon, Brühe) decken den Salzverbrauch und ersparen unangenehme und gefährliche Zustände.

Planung und Verhalten

Obwohl die Klettersteige einer großen Zahl von Nichtkletterern zugänglich sind, dürfen sie nicht unterschätzt werden. Wer nicht ein gewisses Maß an Erfahrung, Ausdauer und Trittsicherheit mitbringt, sollte sich einem Bergführer oder geübten Alpinisten anvertrauen, um sich unter dessen Obhut die Voraussetzungen zu schaffen, Klettersteige-Touren selbständig durchführen zu können. Erst die eigene Sicherheit, das Gefühl für das Wetter, der Instinkt für den richtigen Weg schalten alle Angst und damit meist auch alle Schwindelgefühle aus. Wer aber beim Blick in die Tiefe Schwindelzuständen unterliegt, sollte auf die ausgesetzten Klettersteige verzichten; der Genuß einer derartigen Tour bliebe ihm versagt.
Da das Straßennetz in den Dolomiten sehr dicht ist, viele Linienbusse verkehren und die Hütten in den Sommermonaten offen sind (Öffnungszeiten unverbindlich, je nach Wetter- oder Schneelage), bringt die Planung einer oder mehrerer Klettersteige-Touren keine besonderen Probleme mit sich. Die Anfahrtswege (mit der Bahn oder im Auto: Brenner, Reschen, Innichen) sind nach der Fertigstellung der Brenner-Autobahn nicht mehr zu sehr überlastet, so daß eine Anfahrt ohne Zeitverlust gewährleistet ist.
Man stelle die Touren möglichst so zusammen, daß sie eine Steigerung darstellen.
Vor dem Antritt einer Klettersteige-Tour sollte man sich im Tal oder auf der Hütte über das bevorstehende Wetter, über den Zustand des Steiges und der Versicherungsanlagen erkundigen. Auch über die Schneelage (Klettersteige-Touren können meist von Mitte Juni bis Ende September begangen werden) kann der Hüttenwirt Auskunft geben.
Umgekehrt sollten im Falle von vorgefundenen Beschädigungen diese nach Beendigung der Tour dem Hüttenwirt oder im Fremdenverkehrsbüro gemeldet werden.
Wie auch beim Klettern sollen auf versicherten Steiganlagen die Beine die Hauptarbeit leisten, die Hände und Arme dienen meist nur zum Halten des Gleichgewichts.

Gehen auf Steigen und im Gelände

Weg und Tritte zuerst mit den Augen suchen; je steiler das Gelände umso kürzer die Schritte; hüftbreites Aufsetzen der Füße; Schuhsohlen im Auf- und Abstieg ganz aufsetzen; besser langsamer, gleichmäßiger Schritt ohne Rastpausen als gehetztes Tempo und viele Pausen. Auf weglosem Gelände werden Grasinseln ausgenützt und steile Hänge besser in Serpentinen begangen. Im Geröll Aufstieg über grobes Gestein, Abstieg über feinen Schotter.

Klettern im Schrofengelände

Die Hände dienen zum Halten des Gleichgewichts; Tritte und Griffe sollen möglichst senkrecht nach unten belastet werden; das Abtreten von lockeren Steinen ist zu vermeiden; bei Gruppen ist dicht aufgeschlossenes Gehen in Reihe angebracht.

Klettern an versicherten Stellen
Die Augen klettern voraus; Klammern, Drahtseile, Griffe und Tritte sind auf ihre Haltbarkeit zu prüfen; zwischen zwei Fixpunkten an einem Drahtseil klettert jeweils nur einer; an Leitern und Klammern nicht zwei Stufen auf einmal nehmen; das Prinzip der drei Haltepunkte ist streng zu beachten; der Körper soll senkrecht stehen; Griffe und Klammern in Augenhöhe anfassen. Die Selbstsicherung mit 2 Karabinern und Reepschnüren sollte zur Gewohnheit werden, auch für erfahrene Felsgeher.

Gehen in Eis und Schnee
Nicht selten sind auf Klettersteige-Touren Firnfelder oder Eisrinnen zu queren; ein kurzer Pickel oder besser noch ein Eisbeil ist dabei ein wertvolles Hilfsmittel. Bei lockerem Schnee und Eisrinnen hält man sich an den Stufenweg; in festem Firn Schräganstieg in Serpentinen, dabei werden mit den Sohlenrändern und Schuhspitzen Stufen geschlagen. Kröteln tun in solchen Fällen wertvolle Dienste.
Vor dem Betreten von glatten Eisfeldern ohne Pickel oder Steigeisen möchte ich warnen.

Abklettern an Versicherungen
Grundsätzlich mit dem Gesicht zur Wand; kleine Stufen nehmen.

Abklettern im Schrofengelände
Solange es möglich ist vorwärts, d. h. mit dem Rücken zur Wand; Hände stützend nach unten richten.
Abrutschen über Firnfelder nur bei übersichtlichem Gelände und Erfahrung.

Klettern am Seil
Die Beherrschung der Sicherungstechnik über einen Karabiner an vorhandenen Haken oder Klammern wird beim Seilschaftsführer vorausgesetzt; ein gleichzeitiges Gehen am Seil in steilem Gelände ist doppelt gefährlich; ein Seil zwischen 15 und 30 Metern reicht meist aus. Auf waagrechten Bändern soll sich der Gesicherte zusätzlich mit Reepschnur und Karabiner ans Drahtseil hängen und diese Sicherung am Drahtseil mitlaufen lassen. Ein Bergwanderer allein soll diese Sicherungstechnik ebenfalls anwenden. Um sich beim Umhängen an den Haken oder bei kritischen Stellen an Klammern ausreichend sichern zu können, sollte er zwei Reepschnurschlaufen mit Karabinern verwenden, die abwechselnd ein- und ausgehängt werden.
Besondere Vorsicht ist beim Fotografieren geboten, ohne Selbstsicherung ist es sehr gefährlich.
Alle diese »vie ferrate« in den Dolomiten sollen nur bei gutem Wetter begangen werden. Bei Gewittern besteht erhöhte Blitzgefahr.

Verhalten bei Gewittern
Bei unerwartet und plötzlich auftretender Blitzgefahr weg von Eisenleitern und Drahtseilen! Alles Eisenzeug ablegen! Unterstand nicht in feuchtem Höhlengrund oder in Wasserrinnen suchen!

Alpines Notsignal
Innerhalb einer Minute sechs Zeichen geben, regelmäßig alle zehn Sekunden (rufen, pfeifen, winken, blinken). Dann eine Pause von einer Minute, dann die Signale wiederholen usw.

Bekleidung und Ausrüstung

Grundsätzlich soll der Bergsteiger für die Begehung eines Klettersteiges in den Dolomiten so ausgerüstet sein wie für die Besteigung eines mittelschwierigen Dreitausenders. Vor allem muß er bei der Wahl der Bekleidung einen Wetter- und Temperatursturz in Rechnung stellen und mit unvorhergesehenen Umständen rechnen, ohne sich jedoch mit Unnützem zu belasten (große, prallvolle Rucksäcke sind ein zusätzliches Gefahrenmoment). Bekleidung und Ausrüstung müssen gut und in bestem Zustand sein.

Die **BEKLEIDUNG** muß warm, haltbar und doch möglichst leicht sein. Sie darf die Kletterbewegungen nicht hindern und die Blutzirkulation nicht hemmen.

Strümpfe: aus Wolle, wenigstens bis zum Knie reichend.

Bergschuhe: fest, wasserdicht, mit wenig Nähten, Profilgummisohle, evtl. Geröllabschluß, Ferse soll gut sitzen.

Hose: Bund- oder lange Hose aus möglichst scheuerfestem, reißfestem und schnelltrocknendem Material. Sie soll warm und winddicht sein.

Pullover: mitteldick, lang, so daß er Bauch und Lenden schützt.

Anorak: aus beschichtetem Perlon oder imprägniertem Popelinestoff.

Mütze: aus Wolle, evtl. Stirnband.

Steinschlaghelm: Kunststoffschale, mit Lüftung.

Handschuhe: Fäustlinge aus Wolle.

Die **AUSRÜSTUNG** beschränkt sich auf einige Hilfsmittel, die immer im Rucksack sein sollten, wenn ein Ungeübter mit in der Gruppe ist.

Rucksack: klein, aus reißfestem, wasserdichtem Material, schmal und hoch, eine Deckeltasche ist günstiger als Seitentaschen. Im Rucksack sollten immer ein kleiner **Verbandsbeutel** und eine **Stirnlampe** liegen.

Seil: 9—11 mm stark, 15—30 m lang, Kernmantel-Perlonseil, UIAA-geprüft.

Klettergürtel: selbsttragender breiter Gurt, einfaches Modell genügt.

Reepschnur: 6—8 mm stark, 4 m lang, Kernmantel.

2 Schraubkarabiner: aus Leichtmetall, mit großer Öffnung, ca. 3000 kg Bruchlast.

Biwaksack: aus beschichtetem Perlongewebe, für 2—3 Personen.

Pickel oder **Eisbeil:** für Klettersteige mit Firn- und Eisfeldern; der Stiel soll möglichst kurz sein, so daß er beim Gehen und am Rucksack nicht stört.

Kröteln, zu empfehlen, reichen meist aus.

Aktive Gestaltung

Dieses Buch stellt 60 verschiedene Klettersteige vor, eine Fülle von versicherten Höhenwegen also, die allein schon zahlreiche Bergsommer ausfüllen können. Trotzdem warne ich davor, sie genau nach meinen Vorschlägen zu begehen, sie sozusagen abzuhaken, sich blindlings führen zu lassen.

Jeder soll seine **Phantasie** spielen lassen, er kann nach seinem Können und seinen Wünschen **Rundtouren** zusammenstellen, die einen Tag, eine Woche oder sogar einen Monat lang dauern. Dazu ist es natürlich nötig, zwischendurch Wanderungen einzuschalten, den einen oder anderen Klettersteig in umgekehrter Richtung zu begehen.

Die **Gestaltung** einer Klettersteige-Tour beginnt **daheim,** in den langen Wintermonaten vielleicht, in denen man sich gerne zurückerinnert und träumt, plant, spielt . . .

An Hand einer Wanderkarte (1 : 25.000 oder 1 : 50.000) zeichnet man sich die geplante Route — am besten auf eine Fotokopie — genau ein, studiert Ausweichmöglichkeiten, Abstiege, mögliche Gipfelbesteigungen.

Die **Kombinationsmöglichkeiten** sind heute nahezu unerschöpflich und sie sind es, die es dem Wanderer erlauben, seinen Urlaub immer wieder neu und aktiv zu gestalten; seine Route z. B. so zu wählen, daß sie seine Kraft nicht übersteigt; den Zeitplan so einzuteilen, daß die überlaufenen Steige entlastet werden; die Reihenfolge der Weganlagen so zu legen, daß sie eine Steigerung darstellen.

Wann normalerweise innerhalb der sechs warmen Monate **welcher Klettersteig** gangbar ist, steht in diesem Buch, auch enthält es — in Text und Bild — Informationen, die zur richtigen Wahl notwendig sind und die es erlauben, den Anfang des Klettersteiges zu finden.

Eine genaue **Routenbeschreibung** ist für das Begehen der meisten Klettersteige deshalb nicht notwendig, weil sie — soweit nicht versichert — markiert oder abgetreten sind.

Das **Erlebnis,** die Spannung ist um so größer, je mehr wir uns vom Unbekannten bewahren, je weniger wir wissen.

Dieses Buch enthält gerade soviel, daß es die richtige Wahl erlaubt und zur aktiven Gestaltung anregt. Wer mit diesen Angaben nicht auskommt, vertraut sich besser einem Führer an, weil ihm im kritischen Fall auch die ausführlichste Beschreibung nicht helfen könnte.

Da es nicht sinnvoll ist, dieses Klettersteige-Buch im Rucksack mit sich herumzuschleppen, empfehle ich einen stichwortartigen Auszug aus der entsprechenden Tour und bei längeren Rundtouren die Mitnahme eines Taschenführers, wie sie bei jeder Nummer angeführt sind.

Berggruppe	Klettersteig	Nr.	Schwierigkeit [1])	Gesamtleistung [2])
I BRENTAGRUPPE	Benini und S.O.S.A.T. Bocchette Alte, Detassis Zentraler Bocchette Brentari, Ideale, Castiglioni	1, 2 3, 4 5 6, 7, 8	mäßig schwierig sehr schwierig mäßig schwierig schwierig	anstrengend sehr anstrengen[d] wenig anstrenge[nd] anstrengend
II LANGKOFEL - SCHLERN - ROSENGARTEN	Oskar Schuster Roßzähne, Maximilians Kesselkogel-Überschreitg. Scalette-Weg Santner-Paß	9 10, 11 12, 13 14 15	mäßig schwierig leicht leicht leicht mäßig schwierig	anstrengend kurz anstrengend anstrengend anstrengend
III PALAGRUPPE	Lastei, Monte Agnér Cimone d. Pala, Bolver Lugli Schleierweg	16, 17 18 19	sehr schwierig sehr schwierig schwierig	anstrengend anstrengend anstrengend
IV SELLA - MARMOLATA	Pößnecker Pisciadú Marmolata-Westgrat Ferrata delle Trincee	20 21 22 23	schwierig schwierig sehr schwierig schwierig	anstrengend anstrengend sehr anstrengen[d] kurz
V GEISLER - PEITLER - CIR	Sass-Rigais-Überschreitung Peitlerkofel Cir-Spitzen Sass Songher	24, 25 26 27, 28 29	mäßig schwierig leicht leicht leicht	anstrengend anstrengend kurz kurz
VI FANIS - HEILIGKREUZKOFEL TOFANE	Heiligkreuzkofel-Diagonale Tomaselli, Veronesi Kleiner Lagazuoi Tofana di Rozes, Lipella Tofana di Mezzo, Astaldi	30 31, 32 33 34 35, 36, 37	leicht sehr schwierig leicht schwierig schwierig	anstrengend anstrengend kurz anstrengend anstrengend
VII AMPEZZANER DOLOMITEN	Sorapiss Ettore Bovero Punta Fiames, Pomagagnon Monte Cristallo Cadin-Spitzen, Merlone	38, 39, 40 41 42, 43 44, 45, 46 47	schwierig mäßig schwierig schwierig mäßig schwierig mäßig schwierig	anstrengend kurz anstrengend anstrengend kurz
VIII SEXTENER DOLOMITEN	Roghel, Gabriella, Mazzetta Alpini-Weg Innerkofler Sextener Rotwand	48, 49, 50 51 52 53	schwierig mäßig schwierig leicht mäßig schwierig	anstrengend anstrengend kurz anstrengend
IX CIVETTA - PELMO - MOIAZZA	Tissi Alleghesi Costantini	54 55 56	sehr schwierig schwierig sehr schwierig	sehr anstrengend sehr anstrengend sehr anstrengend
X SCHIARAGRUPPE	Sperti Zacchi Marmol Berti	57 58 59 60	schwierig schwierig schwierig mäßig schwierig	anstrengend anstrengend anstrengend anstrengend

[1]) Die Schwierigkeitsangaben richten sich hier nicht nach der UIAA-Schwierigkeitsskala (I—VI, A_0—A_4), nach der alle Klettersteige mit A_0 zu bewerten wären. Meine Bewertung beruht auf einem Vergleich der Klettersteige untereinander mit den vier Stufen von »leicht« bis »sehr schwierig«.

[2]) Die Gesamtanstrengung, in drei Stufen eingeteilt, bezieht sich auf einen Sonntagsbergsteiger und auf den Klettersteig mit seinem jeweiligen Zustieg.

NDTOUREN - SCHWIERIGKEITEN

öchste öhe ca.	Günstigste Hütte	Besitzer	Bewirtschaftet ca. [3]	Unmittelbare Kombinations-möglichkeiten [4]	Bemerkungen, Tips
300 m	Graffer-Hütte	CAI/SAT	1. 1.—31. 12.	3, 4, 5, 6 . . .	lange Leitern
020 m	Tuckett-Hütte	CAI	1. 7.—20. 9.	1, 2, 5, 6	exponiert; großartige Anlage
700 m	Brentei-Hütte	CAI	20. 6.—20. 9.	3, 4, 6, 1, 2	Mustersteig, überlaufen
371 m	Pedrotti-Hütte	CAI	30. 6.—20. 9.	5, 1, 2, 3, 4	verschieden, Gletscher
964 m	Langkofel-Hütte	CAI	15. 6.—30. 9.	10, 11, 20	kaum versichert, Eis?
651 m	Tierser-Alpl-Hütte	privat	15. 6.— 5. 10.	12, 13, 9, 14	Teststeige für Anfänger
004 m	Vajolet-Hütte	CAI	10. 6.—30. 9.	10, 11, 15, 14	Überschreitung empfohlen
720 m	Gardeccia-Hütte	privat	10. 6.—10. 10.	12, 13, 15, 10	kurz, schottrig
741 m	Rosengarten-Hütte	CAI	25. 6.—25. 9.	14, 12	überlaufen, Eis, Steinschlag
372 m	Scarpa-Hütte	CAI	30. 6.—30. 9.	56, 54	kühne Rundtour; Eispickel
938 m	Rosetta-Hütte	CAI	20. 6.—20. 9.	19	kühne, exponierte Anlage
700 m	Pradidali-Hütte	CAI	30. 6.—15. 9.	18	abwechslungsreich
941 m	Sella-Joch-Haus	CAI	1. 1.—31. 12.	21, 9	oft naß und vereist
538 m	Gasth. Grödner Joch	privat	1. 1.—31. 12.	20, 27, 28, 29	ab Mitte 2 Möglichkeiten
344 m	Contrin-Haus	Ass. Naz.	15. 6.—15. 10.	23	hochalpine Fels- und Eistour
733 m	Arabba	privat	1. 1.—31. 12.	22	großartiger Rundblick
027 m	Regensburger-Hütte	CAI	15. 5.—15. 10.	26, 27, 28	ideale Überschreitung
874 m	Schlüter-Hütte	CAI	15. 6.—30. 9.	24, 25	Eingehtour, Aussichtsberg
597 m	Gasth. Grödner Joch	privat	1. 1.—31. 12.	29	Lernsteige
665 m	Coltuschg	privat	1. 1.—31. 12.	27, 28, 21	kurze Seilstrecke, Wanderweg
911 m	Heiligkreuz-Hospiz	privat	1. 6.—31. 10.	31, 32, 33	für Bergwanderer
989 m	Berghaus Seilbahn	privat	1. 6.—31. 10.	33, 34	sehr steil, exponiert
778 m	Hotels am Falzarego	privat	1. 6.—31. 10.	31, 32, 34	Tunnelweg
225 m	Dibona-Hütte	privat	1. 1.—31. 12.	35, 37, 31	in jeder Hinsicht großartig
243 m	Pomèdes-Hütte	privat	1. 1.—31. 12.	34	Idealtour mit Varianten
700 m	Vandelli-Hütte	CAI	30. 6.—15. 9.	38, 39, 40	großartige alpine Anlage
166 m	Hotels in Cortina	privat	1. 1.—31. 12.	42, 43	für kurze Tage
267 m	Hotels in Cortina	privat	1. 1.—31. 12.	41, 44	Frühlings- und Herbsttour
030 m	G.-Lorenzi-Hütte	privat	30. 6.—15. 9.	42, 43	Abstiegsw., Mittelgipfel hochalp.
790 m	Fonda-Savio-Hütte	CAI	15. 6.—30. 9.	52	übertriebene Sicherungen
565 m	Berti-Hütte	CAI	15. 6.—25. 9.	51	nur für gute Bergsteiger
717 m	Zsigmondy-Hütte	CAI	15. 6.—20. 9.	48, 49, 50, 52	altbekannt, überlaufen
746 m	Drei-Zinnen-Hütte	CAI	15. 6.—20. 9.	51	neu angelegt, interessant
955 m	Hütten Rotwandwies.	privat	Som.+Wint.	51	für ausdauernde Bergwanderer
984 m	Vazzolér-Hütte	CAI	20. 6.—20. 9.	55, 56	hochalpin, Steinschlag
218 m	Coldai-Hütte	CAI	20. 6.—20. 9.	54, 56	äußerst lohnend
650 m	Carestiato-Hütte	CAI	20. 6.—20. 9.	54	Idealtour, schwierigste Anlage
360 m	7°-Alpini-Hütte	CAI	30. 6.—30. 9.	58, 60	als Abstiegsweg ideal
320 m	7°-Alpini-Hütte	CAI	30. 6.—30. 9.	57, 59, 60	idealer, aber schwieriger Anstieg
400 m	7°-Alpini-Hütte	CAI	30. 6.—30. 9.	60	Vorsicht! Steinschlag
565 m	7°-Alpini-Hütte	CAI	30. 6.—30. 9.	59, 57, 58	kurz, mit langem Zustieg

[3]) Die Bewirtschaftungszeiten unterliegen, je nach Witterung, geringen Schwankungen. Im Zweifelsfall im Tal nachfragen.

[4]) Diese Rundtouren mit dazwischenliegenden Wanderungen ergeben sich logisch aus einer Serie (↑↓) von hier behandelten Klettersteigen, ohne daß dazwischen ein Fahrzeug benutzt werden müßte. Meist Mehrtagestouren, Ausgangspunkt richtig wählen! Zahlreiche andere Kombinationsmöglichkeiten bleiben der Phantasie des Lesers überlassen.

Der Monte Cristallo von Norden.
Unten die Hängebrücke am Ivano-Dibona-Weg.

Diese Höhen
durchwandern
bis Zeit
und Raum
sich vermengen

Da oben
ahnst du
bist du gewesen

Vorher
als die Tiefe
noch atemlos war

DIE BRENTAGRUPPE VON OSTEN

1) Monte Cresole - 2) Dosso di Dalun - 3) Le Tose - 4) Cima del Vallon - 5) Cima d'Agola - 6) Croz del Rifugio - 7) Carè Alto - 8) Cima d'Ambiéz - 9) Brenta Bassa - 10) Bocca di Brenta - 11) Cima Tosa - 12) Brenta Alta - 13) Crozzon di Brenta - 14) Campanile Basso - 15) Campanile Alto - 16) Sfulmini - 17) Torre di Brenta - 18) Cima dei Armi - 19) Presanella - 20) Cima Molveno - 21) Spallone dei Massodi - 22) Punta Jolanda - 23) Cima Brenta - 24) Bocca di Tuckett - 25) Cima Q. Sella - 26) Campanile di Vallesinella - 27) Cevedale - 28) Cima Falkner - 29) Campanile dei Camosci - 30) Cima del Grostè - 31) Passo del Grostè - 32) Cima di Vallazza - 33) Pietra Grande - 34) Vagliana

DIE BRENTAGRUPPE VON WESTEN

1) Cima del Grostè - 2) Corna Rosse - 3) Cima d'Asta - 4) Campaniletto dei Camosci - 5) Campanile dei Camosci - 6) Castello di Vallesinella - 7) Cima Falkner - 8) Castelletto Inferiore - 9) Castelletto Superiore - 10) Cima Roma - 11) Cima Q. Sella - 12) Fravort - 13) Bocca di Tuckett - 14) Cima Massari - 15) Cima Brenta - 16) Cima Mandron - 17) Punta di Campiglio - 18) Spallone dei Massodi - 19) Gemelli - Rifugio Alimonta - 20) Cima Molveno - 21) Cima dei Armi - 22) Torre di Brenta - 23) Torri Bianchi, Prati, Nardelli - 24) Sfulmini - 25) Campanile Alto - 26) Campanile Basso - 27) Cima Brenta Alta - 28) Daino - 29) Bocca di Brenta - 30) Brenta Bassa - 31) Cima Margherita - 32) Crozzon di Brenta - 33) Cima Tosa

I

Die Brentagruppe

Die mächtige Brentagruppe westlich der Etsch, von den übrigen Dolomiten durch das Etschtal getrennt, ist ein ausgedehnter, im allgemeinen von Nord nach Süd verlaufender Felskamm. Über die zahlreichen Bänder im zentralen Teil der Gruppe, deren Gipfel aus Hauptdolomit bestehen, führt ein System von Klettersteigen, das einmalig im Alpenraum ist und in zahlreichen Kombinationen begangen werden kann.

Verkehrsverbindungen: Die Brentagruppe ist verkehrsmäßig gut erschlossen, von Bozen und Trient über asphaltierte Straßen (auch Busverbindungen) zu erreichen. Seit der Fertigstellung der Brenner-Autobahn ist die Zufahrt von Bozen über Mezzocorona und Malè nach Madonna di Campiglio (1522 m) schneller als der landschaftlich reizvollere Übergang von Eppan über den Mendel-Paß. Auch von Trient kommend ist das Hoteldorf Madonna di Campiglio, an der Westseite der Brentagruppe gelegen, der günstigste Ausgangsort. Die Anstiege von Molveno, Andalo oder Pinzolo sind länger, dafür wilder und weniger begangen. Von Madonna di Campiglio aus bietet sich einmal die Möglichkeit mit der Seilbahn zum Grosté-Paß zu schweben oder man fährt auf der schmalen Schotterstraße nach Vallesinella (Privathütte), von wo man über gute Steige zur Brentei- oder Tuckett-Hütte gelangt.

Tip: In den Hochsommermonaten Juli und August ist die Brentagruppe meist so überlaufen, daß es Unterkunftsschwierigkeiten gibt.

Das Herzstück der Brentagruppe:
Torre di Brenta, Campanile Alto,
Cima Brenta Alta, Cima Brenta Bassa,
Cima Margherita.

Morgennebel

Ich liebe die Morgennebel in der Brenta, besonders die leichten, zerschlissenen; freilich nur, wenn der Himmel darüber klar und die Luft kalt ist. Dann sind die Täler ringsum plötzlich wie in Dunst getaucht. Alle Türme scheinen auf einmal zu wachsen. Ihre grauen, gelben und zerfurchten Wände verlieren für einen Augenblick ihre bekannte Gestalt . . .
Es ist, als entstünde alles noch einmal, als stehe man am Anfang der Welt.

1 Benini- und S.O.S.A.T.-Weg

2 Vom Grosté-Paß bis zur Brentei-Hütte

Die Kombination des »Benini«-Steiges durch den nördlichen Teil der Brentagruppe mit dem »S.O.S.A.T.«-Weg, der hoch oben auf den breiten Bändern der Punta di Campiglio verläuft, bietet Aussichten voller Gegensätzlichkeit: Da der erste Steig an der Ostseite des Grosté-Massives verläuft, geht der Blick weit über die wilde östliche Brenta, in der mit dem Croz dell'Altissimo eines der gewaltigsten Brenta-Massive steht. Vom S.O.S.A.T-Weg hingegen schaut man nach Westen, Adamello, Presanella und Cevedale liegen mit ihren Gletschern in einem weiten Bogen um den Wanderer.

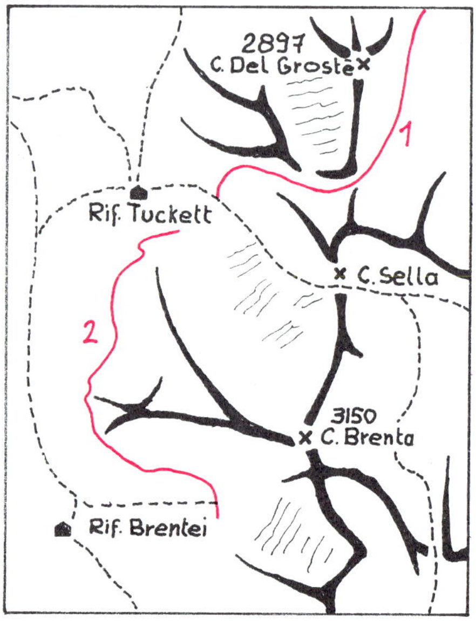

Gipfel/Höhe: —
Höchste Höhe: Ca. 2800 m.
Jahreszeit: Mitte Juni bis Ende September.
Ausgangsort: Madonna di Campiglio, 1522 m.
Stützpunkt: Tuckett-Hütten, 2270 m; Bergstation am Grosté-Paß, 2443 m.
Zugang: Per Seilbahn vom Campo-Carlo-Magno-Paß zum Grosté-Paß, 2443 m.
Einstieg: Von der Bergstation der Seilbahn ersichtlich, später von der Tuckett-Hütte östlich bis zur Tafel: »Sentiero S.O.S.A.T.«.
Markierung: Klammern, Seile, Leitern, Steigspuren.
Höhenunterschiede/Gehzeiten: Benini-Weg: ➔, 3½ Std. S.O.S.A.T.-Weg: ➔, 2½ Std.
Abstieg: Rückmarsch über den unteren Steig zur Grosté-Bahn: 2½ Std.
Zeitdauer: Tagestour.
Schwierigkeit: Der Benini-Weg ist wenig versichert, der S.O.S.A.T.-Weg weist einige ausgesetzte Stellen auf.
Endpunkt: Brentei-Hütte, 2120 m.
Kombinationsmöglichkeiten: Mit dem Sentiero delle Bocchette Alte und dem zentralen Bocchette-Weg.
Vorschlag: Diese Route kann (Ende der Rundtour) als Rückweg zum Grosté-Paß auch in umgekehrter Richtung begangen werden.
Führer/Literatur: Frass, Die schönsten Klettersteige der Dolomiten. Strobele, Der Bocchette-Weg. Concini/Maestri: Brenta, Zauber der Höhenwege.

Auf Grund ihrer Schichtung ist die Brenta zum Anlegen von Klettersteigen besonders ideal. Hoch oben auf den breiten Bändern der Punta di Campiglio verläuft der S.O.S.A.T.-Weg.

3 Bocchette Alte mit Detassis-Variante

4 Hochalpine Überschreitung der Cima Brenta

Der Sentiero delle Bocchette Alte, der alpinste Teil des Klettersteigenetzes in der Brenta, wurde vor einigen Jahren vollendet. Unter der Aufsicht von Bruno Detassis, dem wohl besten Kenner dieser Gruppe, wurde hier ein versicherter Höhenweg geschaffen, der seinesgleichen sucht. Die einzelnen Teilstrecken, meist nach den Finanziers benannt, ergeben eine Überschreitung der Cima Brenta, wobei der Gipfel selbst nicht berührt wird.
Obwohl der Steig vorzüglich markiert und versichert ist, verlangt er bei plötzlichem Nebeleinbruch, bei Schneefall oder Vereisung ein gutes Maß an Hochgebirgserfahrung und Ausdauer. — Über eine Variante, nach »Mamma Oliva Detassis« benannt und allen Bergsteigermüttern gewidmet, kann man in einem solchen Fall den letzten Teil abschneiden (4).

Gipfel/Höhe: Evtl. Cima Brenta, 3150 m.
Höchste Höhe: Ca. 3020 m.
Jahreszeit: Von Juli bis Mitte September.
Ausgangsort: Madonna di Campiglio, 1522 m.
Stützpunkt: Rifugio Tuckett, 2271 m; Rifugio Alimonta, 2600 m.
Zugang: Über den Grosté-Paß, 2443 m (Seilbahn vom Campo-Carlo-Magno-Paß) zum Rifugio Tuckett und weiter zum Tuckett-Paß.
Einstieg: Im Scharteneinschnitt (Bronzetafel) des Tuckett-Passes rechts über Leitern und Drahtseile aufwärts.
Markierung: Leitern, Drahtseile, Farbflecke.
Höhenunterschiede/Gehzeiten: Rifugio Tukket—Tuckett-Paß: ↑ 400 m, 1 Std. Tuckett-Paß—Garbari-Band: ↑ 300 m, 1 Std. Garbari-Band—Bocca dei Armi: ↓, 2½ Std. oder Rifugio Alimonta: ↓, 2 Std.
Abstieg: Zur Brentei-Hütte und nach Madonna di Campiglio.
Zeitdauer: Tagestour.
Schwierigkeit: Auf Grund der großen Höhe (Schnee!) sind Bergerfahrung, Schwindelfreiheit und Hochgebirgsausrüstung Voraussetzung.
Endpunkt: Rifugio Alimonta, 2600 m.
Kombinationsmöglichkeiten: Mit dem zentralen Bocchette-Weg, dem S.O.S.A.T.-Steig oder dem Benini-Weg.
Vorschlag: Aufstieg von der Tuckett-Hütte zum Garbari-Band, Abstecher zum Gipfel (Markierungshinweis) der Cima Brenta, Abstieg zur Alimonta-Hütte.
Führer/Literatur: Frass, Die schönsten Klettersteige der Dolomiten.

Immer wieder führt der Sentiero delle Bocchette Alte über ausgesetzte Grate, Bänder und Leitern; im kleinen Bild die »Leiter der Freundschaft«.

5 Der zentrale Bocchette-Weg

Traumweg durch das Herzstück der Brentagruppe

Der zentrale Teil des berühmten Bocchette-Weges, ursprünglich als Zugang zur Normalführe der Guglia di Brenta geplant und angelegt, kommt dem Ideal des Dolomiten-Klettersteiges am nächsten. Er berührt keinen Gipfel, folgt weitgehend einem natürlichen System von Bändern, Scharten und Rinnen, ist vorzüglich versichert, so daß ihn jeder schwindelfreie und bergerfahrene Wanderer begehen kann, und bietet eine Vielzahl von faszinierenden Nah- und Fernblicken, die einem Großteil von Bergsteigern ohne die Steighilfen versagt bleiben.

Die übergroße Zahl der Brenta-Besucher in den Hochsommermonaten allerdings veranlaßt mich, von diesem Weg abzuraten. Wer die Brenta schon kennt oder noch wenig Erfahrung hat, kann an den vielen anderen, noch selten begangenen Klettersteigen ebenso Großartiges erleben.

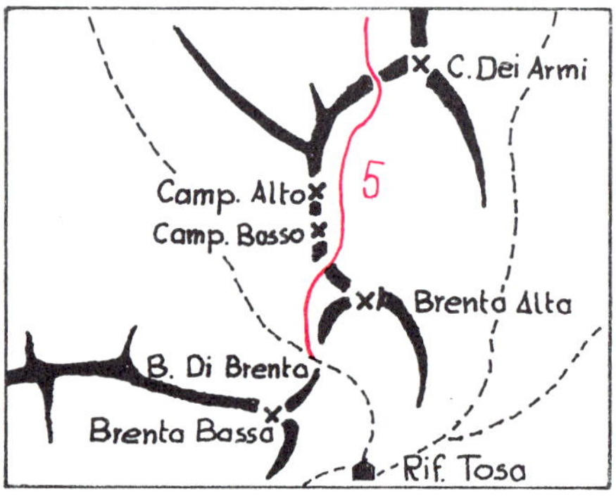

Höchste Höhe: Durchschnittliche Meereshöhe ca. 2700 m.

Jahreszeit: Von Anfang Juli bis Ende September.

Ausgangsort: Madonna di Campiglio.

Stützpunkt: Rifugio Brentei, 2120 m; Rifugio Alimonta, 2600 m; Rifugio Pedrotti, 2496 m.

Zugang: Über den Karrenboden im Val Brentei und den flachen Gletscher »Vedretta di Sfulmini« Richtung Torre di Brenta.

Einstieg: In der Scharte »Bocca dei Armi«, 2749 m, über Eisenleitern auf das große Bändersystem.

Markierung: Nr. 305, Drahtseile, Eisenleitern, Steigspuren.

Höhenunterschiede/Gehzeiten: Rif. Brentei—Bocca dei Armi: ↑ 650 m, 2 Std. Bocca dei Armi—Bocca di Brenta: →, 2½ Std. Bocca di Brenta—Rif. Pedrotti: ↓ 60 m, 10 Min.

Abstieg: Über die Brentei-Hütte nach Madonna di Campiglio oder direkt nach Molveno.

Zeitdauer: Tagestour.

Schwierigkeit: Absolute Schwindelfreiheit und Bergerfahrung vorausgesetzt.

Endpunkt: Tosa-(Pedrotti)-Hütte oder Brentei-Hütte.

Kombinationsmöglichkeiten: Mit dem S.O.S.A.T.-Weg, dem Sentiero delle Bocchette Alte und dem Ideale-Weg.

Vorschlag: Im Rahmen einer mehrtägigen Rundtour sollte man diesem Teilstück einen vollen Tag widmen.

Führer/Literatur: Frass, Die schönsten Klettersteige der Dolomiten. Strobele, Der Bocchette-Weg. Gatti, Brentagruppe. Hager, Bergwanderführer Dolomiten.

Ausgesetztes Band am zentralen Bocchette-Weg.

6 7 8 Brentari-, Ideale- und Castiglioni-Steig

Die drei Klettersteige in der südwestlichen Brenta

Der Übergang von der Tosa-Hütte zur Zwölf-Apostel-Hütte stellt eine große, hochalpine Wanderung dar. Die Landschaft ist wild, der Steig bietet Einblick in die Südseite der Cima Tosa, in die Fluchten der Cima d'Ambiez und die Punta dell'Ideale. Es gibt Gletscher zu queren und über senkrechte Leitern zu turnen.

Je nach Können und je nach den Verhältnissen gibt es für den zweiten Teil dieser Bergfahrt zwei Möglichkeiten: Der hochalpine »Sentiero dell'Ideale« von der Bocca di Tosa über einige Gletscher bis zur Zwölf-Apostel-Hütte oder der mit vielen Eisenleitern versicherte und sehr ausgesetzte »Castiglioni-Steig« über der Agostini-Hütte.

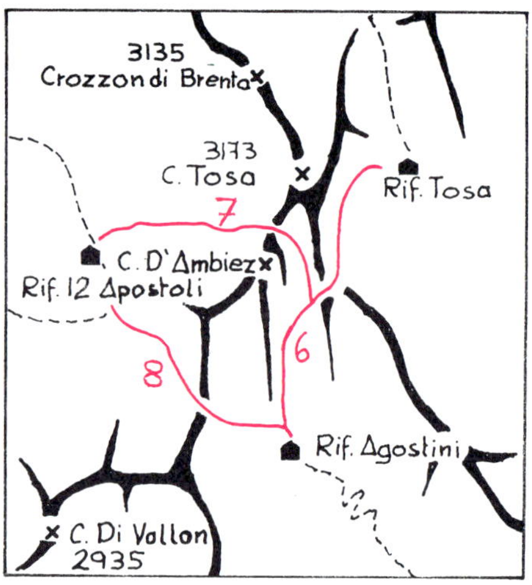

Gipfel/Höhe: Evtl. Cima Tosa, 3173 m, II.
Höchste Höhe: 2871 m.
Jahreszeit: Juli bis Mitte September.
Ausgangsort: Madonna di Campiglio oder Molveno.
Stützpunkt: Rifugio Pedrotti, 2442 m; Rifugio Agostini, 2410 m.
Zugang: Von der Pedrotti-Hütte (Tosa-Hütte) über den Steig Nr. 304 westlich zum Tosa-Sattel und über den Brentari-Steig zur Bocca di Tosa.
Einstieg: Im Einschnitt zwischen Tosa-Massiv und Punta dell'Ideale bzw. Nr. 321 bei der Agostini-Hütte.
Markierung: Steigspuren, Eisenleitern, Drahtseile, Markierungen.
Höhenunterschiede/Gehzeiten: Rif. Tosa—Tosa-Sattel: ↑ 450 m, 1½ Std. Brentari—Ideale-Steig: →, 3 Std. Brentari—Castiglioni-Steig: →, 2½—3 Std. Einstieg—Tosa-Gipfel: ↑ 680 m, 3 Std.
Abstieg: Über die Vedretta dei Camosci und die Brentei-Hütte nach Madonna di Campiglio oder direkt nach Pinzolo.
Zeitdauer: Tagestour.
Schwierigkeit: Viel Bergerfahrung sowie Orientierungsvermögen sind für diesen Übergang wichtig.
Endpunkt: Zwölf-Apostel-Hütte, 2489 m.
Kombinationsmöglichkeiten: Mit dem zentralen Bocchette-Weg und einem Aufstieg zur Cima Tosa.
Vorschlag: Vom Rifugio Pedrotti über den Sentiero Brentari zum Einstieg der Cima Tosa, Aufstieg zum Gipfel, Abstieg zur Agostini-Hütte, über den Castiglioni-Steig zur Zwölf-Apostel-Hütte.
Führer/Literatur: Frass, Die schönsten Klettersteige der Dolomiten. Strobele, Der Bocchette-Weg.

Aufkommende Nebel am Castiglioni-Steig.

Unterm letzten Baum

Der Baum ist ein Maß für diese himmelhohen Felsfluchten.

Vom »Gartl« herab, wo wir kurz vorher eine kleine Rast hielten, sah ich ihn nicht. Weite Wälder lagen in satten sommerlichen Farben unter uns, dazwischen — kleinen Oasen gleich — eine Alm, vereinzelt Gehöfte, ein Dorf, lauter Rastplätze.
Dann, nach dem Abstieg über den »Santner-Paß«, hielten wir auf diesen ersten Baum zu und plötzlich saßen wir in seinem kargen Schatten.
Es war warm, und die tiefblaue Luft hing voll feiner, hingewehter Wassertröpfchen, die an der Laurinswand vorbeischwebten und das grelle Sonnenlicht wie Kristalle brachen. Da oben sollen wir kurz vorher noch gewesen sein?
Es war Nachmittag, und ich hätte hier am liebsten auf den Mond gewartet, hier unterm letzten Baum, der für uns der erste war, der lebendigen Schatten bot, nach der anstrengenden Tour im steinernen Rosengarten.

II

Langkofel/Schlern/Rosengarten

Die Bergkette, die vom Sella-Joch zum Karer-Paß verläuft, ist reich an Felsformen und Gegensätzen. Der Langkofelgruppe im Osten — einem Wald von Felstürmen — schließen sich die zierlichen Roßzähne an, von denen aus sich die massige Felsburg des Schlern nach Westen vorschiebt. Im Süden breitet sich die sagenumwobene Rosengartengruppe aus. Die Klettersteige in diesem Gebiet ergeben, verbunden mit den vielen Wanderwegen, eine Reihe von Rundtouren, die in die letzten Winkel dieser kühnen und eleganten Felsmauern führen.
Verkehrsverbindungen: Wie in einem großen Hufeisen führt die gut ausgebaute Dolomitenstraße (Busverbindungen) über das Eggental (Abzweigung in Kardaun), den Karer-Paß, das Fassatal, das Sella-Joch und das Grödental (Abzweigung in Waidbruck) um diese Gruppen. Von vielen Orten aus sind günstige Zugänge möglich, von denen folgende besonders zu empfehlen sind: Der Karer-Paß mit der Talstation des Sessellifts zur Paolina-Hütte, Vigo di Fassa mit der Seilbahn nach Ciampedie, Mazzin im Fassatal mit der steilen Schotterstraße nach Gardeccia und das Sella-Joch mit dem Kabinenlift zur Langkofel-Scharte. — Aber auch die Seiser Alm, mit dem Wagen über Kastelruth und Völs oder mit der Seilbahn von St. Ulrich in Gröden aus zu erreichen, sowie der Niger-Paß im hintersten Tierser Tal sind günstig.
Tip: Besonders im August ist das enge Gebiet um das Gartl meist übervölkert, am Scalette-Paß oder an den Roßzähnen ist man dagegen meist allein.

Die Laurinswand von Nordwesten.

Unterwegs auf den Hochflächen der Larsecgruppe.

Urlaute

Im weiten Hochtal, das wir erklommen hatten, war einfach nur Ruhe da, nach allen Himmelsrichtungen hin unendliche Ruhe. Diese Stille machte sich auch in uns breit, während wir — jeder für sich — tiefer in diese Einsamkeit vordrangen. Je lautloser die Weite wurde, desto mehr fühlte ich das Verlangen zu rufen, zu schreien, laut mit mir selbst zu reden.

Plötzlich begann ich zu blöken, irgendwelche Urlaute auszustoßen. Es ging mir dabei nicht darum, das Schweigen zu zerstören, ich mußte Maß finden für die Stille, die sich um uns herum bis zur Unendlichkeit auszudehnen schien.

Bald riefen wir beide — abwechselnd — und lauschten jedem Laut, der von den Wänden widerhallte.

9 Oskar-Schuster-Steig

Durch die wild zerrissene Nordostflanke auf den Plattkofel

Die Langkofelgruppe, eine Hochburg der erfahrenen Felsgeher, steht in einem engen Hufeisen über der Seiser Alm. Auf den Plattkofel, den westlichsten dieser sechs markanten Gipfel, von der Seiser Alm her über eine riesige Abdachung unschwierig zu erreichen, führt ein kühner Klettersteig. Die Ausblicke aus dieser kaum drahtseilversicherten Führe ins Langkofelkar, auf den nahen Zahnkofel, den Innerkofler-Turm und den Langkofel selbst sind unmittelbar, wild.

Die Route selbst ist durch Rinnen, Bänder und kurze Wandstellen vorgezeichnet, aber etwas steinschlaggefährdet und bei Vereisung gefährlich.

Gipfel/Höhe: Plattkofel, 2964 m.
Höchste Höhe: 2964 m.
Jahreszeit: Mitte Juli bis Ende September.
Ausgangsort: Grödental, Seiser Alm, Fassatal.
Stützpunkt: Sella-Joch, T.-Demetz-Hütte, Langkofel-Hütte.
Zugang: Abstieg von der Langkofel-Scharte zur Langkofel-Hütte und von dort Aufstieg in den Winkel zwischen Zahnkofel und Plattkofel.
Einstieg: In die schräg nach rechts leitende Rampe.
Markierung: Rote Flecken, Steigspuren, 1 Drahtseil.
Höhenunterschiede/Gehzeiten: Langkofel-Hütte—Gipfel: ↑ 700 m, 2½ Std. Langkofel-Scharte—Langkofel-Hütte: ↓ 430 m, ½ Std.
Abstieg: Gipfel—Plattkofel-Hütte—Sella-Joch: ↓ 3 Std.
Zeitdauer: Tagestour.
Schwierigkeit: Der Oskar-Schuster-Steig ist nur teilweise versichert, Orientierungsvermögen und Erfahrung im Fels sind Voraussetzung.
Endpunkt: Sella-Joch.
Kombinationsmöglichkeiten: Umwanderung des Plattkofels oder weiter zu den Roßzähnen.
Vorschlag: Aufstieg über den Oskar-Schuster-Steig, Abstieg über die Westabdachung und Rückmarsch zum Sella-Joch über den Friedrich-August-Weg.
Führer/Literatur: Frass, Die schönsten Klettersteige der Dolomiten. Hager, Bergwanderführer Dolomiten. Langes, Dolomiten-Kletterführer. Mussner, Wanderführer durch Gröden.

Kletterei am Oskar-Schuster-Steig. Unten die Seiser Alm, das Grödental und die Raschötz.

10 11 Roßzähne und Maximilians-Steig

Zwei kurze Klettersteige am Rande der Seiser Alm

Die Roßzähne, ein gezackter Grat am Südrand der Seiser Alm, bieten trotz ihrer bescheidenen Höhe eine unerwartet großartige Aussicht: Von den nahen Gipfeln der Rosengartengruppe über die Marmolata, die Sella-, Geisler- und Langkofelgruppe schweift der Blick zu den Gletschern der Zentralalpen, zum Schlern mit der Santner-Spitze und über den Halbkreis der Westlichen Dolomiten hinweg zum düsteren Monte Pelmo.

Jeder Anfänger, der sich für seine späteren Klettersteige die notwendige Selbstsicherheit holen will, sollte hier beginnen. Wenn ihm diese Art des Bergsteigens Spaß macht, wird er von hier aus viele neue Ziele sehen . . .

Gipfel/Höhe: Roßzähne, 2651 m.

Höchste Höhe: Evtl. Roterdspitze, 2658 m.

Jahreszeit: Anfang/Mitte Juni bis Anfang Oktober.

Ausgangsort: Seiser Alm, Parkplatz Bellavista.

Stützpunkt: Tierser-Alpl-Hütte, 2440 m.

Zugang: Von der Seiser Alm auf gutem Weg (Nr. 7) zum Hotel Goldknopf und weiter (Nr. 2) über die steile, aber gut begehbare Roßzähn-Scharte (2549 m) zum Schutzhaus Tierser Alpl.

Einstieg: Unmittelbar oberhalb der Hütte, Schrofen, Drahtseile.

Markierung: Rote Striche, Drahtseile.

Höhenunterschiede/Gehzeiten: Tierser Alpl —Roßzähn-Gipfel: ↑ ca. 210 m, ½ Std. Roßzähn-Gipfel—Roterdspitze (Maximilians-Steig): →, 1½ Std. Über den Touristensteig bis »Bellavista«: 3 Std.

Zeitdauer: Tagestour.

Abstieg: Wie Aufstieg oder Überschreitung zur Roterdspitze mit Anschluß an den Touristensteig am Schlern.

Schwierigkeit: Der kurze Klettersteig zum Gipfel der Roßzähne ist leicht, auch Anfängern zumutbar. Der »Maximilians-Weg« ist anspruchsvoller, etwas bruchig und setzt Erfahrung voraus.

Endpunkt: Seiser Alm.

Kombinationsmöglichkeiten: Mit dem »Maximilians-Weg« zur Roterdspitze.

Vorschlag: Seiser Alm → Tierser Alpl ↑ Roßzähn-Gipfel → Maximilians-Weg Roterdspitze (Abstiegsmöglichkeit unter der Roterdspitze wieder zum Tierser Alpl) ↓ Touristensteig Seiser Alm.

Führer/Literatur: Frass, Die schönsten Klettersteige der Dolomiten. Delago, Dolomiten-Wanderbuch.

Am Gipfelgrat der Roßzähne.
Rechts im Hintergrund die Marmolata
mit ihren beiden Gesichtern.

12 Kesselkogel-Überschreitung

13 In zwei großen Serpentinen auf den höchsten Gipfel der Rosengartengruppe

Der massige Felsaufbau des Kesselkogel bricht nach allen Seiten steil ab. Der versicherte Klettersteig aber, der der Route des Bozner Bergsteigers Johann Santner (1878) folgt, nützt die Bänder an der Westflanke geschickt aus und ermöglicht einen relativ leichten Aufstieg auf diesen höchsten Gipfel der Rosengartengruppe.
Der Ausblick von diesem Mittelpunkt der Schlern- und Rosengarten-Gipfel ist geprägt vom Gegensatz zwischen dem wilden Felsgewirr ringsum, dem Tiefblick zum Antermoja-See und der Almen- und Waldlandschaft, die sich gegen den Bozner Talkessel hin erstrecken.
Für Geübte empfiehlt sich der Abstieg über die teilweise versicherte Nordostflanke zur Antermoja-Hütte. Diese Überschreitung stellt einen ausgefallenen Übergang für Ausdauernde dar.

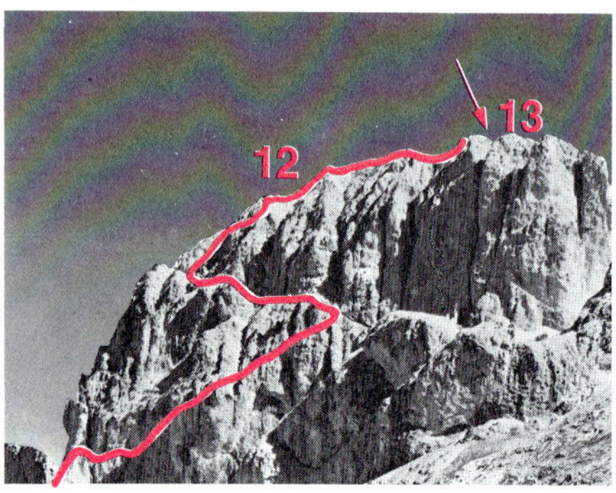

Gipfel/Höhe: Kesselkogel, 3004 m.
Höchste Höhe: 3004 m.
Jahreszeit: Mitte Juni bis Ende September.
Ausgangsort: Grasleiten-Hütte (2165 m) oder Vajolet-Hütte (2243 m).
Stützpunkt: Grasleiten-Paß-Hütte.
Zugang: Vom Grasleiten-Paß (eine Tafel zeigt den versicherten Klettersteig an) über ein kurzes Schuttkar zum Einstieg.
Einstieg: Über eine drahtseilversicherte Linksquerung in eine Kaminschlucht.
Markierung: Vajolet-Hütte—Grasleiten-Paß Nr. 584, dann Drahtseile und Steigspuren.
Höhenunterschiede/Gehzeiten: Vajolet-Hütte—Grasleiten-Paß: ↑ ca. 400 m, 1½ Std. Grasleiten-Hütte—Grasleiten-Paß: ↑ ca. 450 m, 1½ Std. Grasleiten-Paß—Gipfel: ↑ ca. 400 Meter, 1½ Std.
Zeitdauer: Tagestour.
Abstieg: Wie Aufstieg, oder über NO-Flanke.
Schwierigkeit: Der Steig ist teilweise ausgesetzt (absolute Schwindelfreiheit Voraussetzung), aber gut gesichert (Leiter, Drahtseile).
Endpunkt: Grasleiten-Hütte oder Vajolet-Hütte.
Kombinationsmöglichkeiten: 1. Abstieg über den Santner-Paß; 2. zum Tierser Alpl und zu den Roßzähnen.
Vorschlag: Je nach Ausgangspunkt ergeben diese beiden angeführten Klettersteige eine Überschreitung mit Anschluß an weitere Klettersteige.
Führer/Literatur: Frass, die schönsten Klettersteige der Dolomiten. Delago, Dolomiten-Wanderbuch. Langes, Dolomiten-Kletterführer I.

Blick vom Südfuß des Kesselkogel auf die Rosengarten-Spitze und die Vajolet-Türme.

14 Scalette-Weg

Einsame Hochflächen über den Dirupi di Larsec

Der Aufstieg in die weiten, einsamen Hochkare der Larsecgruppe gibt uns einen faszinierenden Einblick in die dritte Dimension der Dolomiten. Nach dem Anblick der breiten, hohen Rosengarten-Ostwand und den himmelstrebenden Pfeilern der Larsec-Spitzen breitet sich nun beim Eintritt ins weite Lausatal eine völlig ungewohnte Dolomitenlandschaft vor uns aus.
Einzelne Türme stehen in diesen karstigen Riesenmulden, der schönste von ihnen spiegelt sich in den grünen Schmelzwassern des »Lac séc«, einem kleinen See, der erst im Herbst austrocknet. Weit hinten, über immer neuen Tälern und Bergrücken ragen die Gipfel der Pale hervor; weiter links die Marmolata mit ihrem interessanten Profil, sanften Gletschern und schroffen Wänden.

Gipfel/Höhe: Evtl. Scalierét-Spitze, 2889 m.
Höchste Höhe: 2720 m (Lausa-Paß).
Jahreszeit: Mitte Juni bis Ende September.
Ausgangsort: Pera oder Mazzin im Fassatal.
Stützpunkt: Gardeccia-Hütte (1949 m), 6,5 km mit Pkw vom Fassatal, Antermoja-Hütte.
Zugang: Beim ersten Gasthaus in Gardeccia zweigt der Steig vom Fahrweg ab und führt an Latschenhängen unmittelbar unter den Larsec-Wänden talauswärts.
Einstieg: Am schluchtähnlichen »Bus dei trei di roccia«, der zum Scalette-Paß hinaufführt.
Markierung: Nr. 583 (rot-weiß), teilweise Drahtseile und Eisenklammern.
Höhenunterschiede/Gehzeiten: Gardeccia—Passo delle Scalette: ↑ ca. 500 m, 2 Std. Passo delle Scalette—Lausa-Paß: ↑ ca. 350 m, 1 Std. Antermoja-Hütte—Antermoja-Paß: ↑ ca. 200 m, 1 Std.
Zeitdauer: Tagestour.
Abstieg: Über den Antermoja-Paß nach Gardeccia, 1½ Std.
Schwierigkeit: Der Steig ist leicht, aber schottrig und steinschlaggefährdet. Auf abgeschlagene Drahtseile achten!
Endpunkt: Antermoja-Hütte (2496 m) oder Gardeccia.
Kombinationsmöglichkeiten: Klettersteig am Kesselkogel.
Vorschlag: Gardeccia ↑ Scalette-Steig → Antermoja-Hütte (Nächtigung) ↑ Antermoja-Paß ↑ Grasleiten-Paß ↑ Kesselkogel ↓ Vajolet-Hütte Gardeccia.
Führer/Literatur: Frass, Die schönsten Klettersteige der Dolomiten. Hager, Bergwanderführer Dolomiten.

Im Schrofengelände unterm Scalette-Paß ist trotz der geringen Steilheit doppelte Vorsicht geboten.

15 Santner-Paß

Quer durch König Laurins Rosengarten

Die Rundtour um die Rosengarten-Spitze mit dem Aufstieg über den Santner-Paß gehört zu den abwechslungsreichsten Hochgebirgswanderungen in den Dolomiten. Der Klettersteig quer durch den Westabsturz der Rosengarten-Spitze weist mehrere originelle Kletterstellen auf und führt direkt ins »Gartl«, ins Herz der Rosengartengruppe.
Eingebettet zwischen der Laurins-Wand, den Vajolet-Türmen und der Rosengarten-Spitze liegt dieses Hochkar, das landschaftlich zu den reizvollsten Stellen der gesamten Dolomiten gehört und von Bozen deutlich auszumachen ist.

Gipfel/Höhe: Evtl. Rosengarten-Spitze, 2981 m.
Höchste Höhe: 2750 m.
Jahreszeit: Juli bis September.
Ausgangsort: Karer-Paß, Nigerstraße.
Stützpunkt: Rosengarten-(Kölner-)Hütte, Sessellift, 2337 m. Santner-Paß-Hütte, 2714 m.
Zugang: Der Markierung Nr. 542 folgend über den schrofigen Absatz zu einer Schutterrasse und in nördlicher Richtung weiter bis zum Felsmassiv des Rosengartens hin.
Einstieg: Über Eisenstifte zu einer kleinen Scharte.
Markierung: Eisenleitern, Drahtseile, Steigspuren.
Höhenunterschiede/Gehzeiten: Rosengarten-Hütte—Gartl: ↑ ca. 400 m, 2 Std. Gartl—Vajolet-Hütte: ↓ ca. 500 m 1 Std. Vajolet-Hütte—Tschager-Joch: ↑ ca. 400 m, 2 Std. ↓ Kölner-Hütte: 1/2 Std.
Zeitdauer: Tagestour.
Abstieg: Je nach Rundtour verschieden.
Schwierigkeit: Dieser anspruchsvolle und ausgesetzte Klettersteig ist bei Vereisung nur mit erfahrenen Begleitern oder mit einem Führer zu begehen.
Endpunkt: Vajolet-Hütte.
Kombinationsmöglichkeiten: 1. Rundwanderung um den Rosengarten, 2. Kesselkogel.
Vorschlag: ↑ Santner-Paß ↓ Vajolet-Hütte ↑ Tschager-Joch (Markierung 541—550) Rosengarten-Hütte.
Führer/Literatur: Frass, Die schönsten Klettersteige der Dolomiten. Hager, Bergwanderführer Dolomiten. Langes, Dolomiten-Kletterführer.

Die drei Vajolet-Türme (Delago-, Stabeler-, Winkler-Turm) am unteren Rand des Gartls und der Zustieg über den meist überlaufenen Santner-Steig.

Ich war noch nie auf der Cima Canali

Es ist nicht Sinn und Zweck des Klettersteige-Wanderns, bis zum Gipfel zu gelangen. Auch hielte ich nicht viel davon, wenn jeder Berg seine gesicherte Steiganlage bekäme. So hübsch auch die Ausblicke vom Gipfel sein mögen, die Freuden des Steigens sind tiefer und haltbarer.

Dieses Bild habe ich im frühen Herbst 1973 gemacht, beim Übergang vom Ball-Paß zur Schleierkante. Ich hätte damals Zeit gehabt, diesen Berg, den ich noch nicht kannte, zu besteigen, zog es aber vor, ein paar Stunden unten zu sitzen; dabei entstand dieses Bild. Man sieht darin, daß ich mit dem Gedanken spielte, irgendwo hinaufzuklettern, daß ich sogar nach neuen Möglichkeiten suchte, aber auch, daß ich mir klein vorkam, daß dieser Berg alle meine Vorstellungen übertraf.
Gipfel, auf denen ich nicht war, begeistern mich eigenartigerweise mehr als andere, die ich kenne. Ja, ich spüre sogar, daß sich diese Faszination für die »unbestiegenen« Berge mit jeder neuen geglückten Klettertour steigert.

III

Die Palagruppe

Durch die Erschließung zweier Klettersteige ist die zentrale Palagruppe, bisher nur Traumland der Felskletterer, auch dem hochalpinen Wanderer besser zugänglich. Diese südlichste, gleichzeitig eine der größten Dolomitengruppen, gliedert sich deutlich in drei Teile. Der Hauptzug, vom Rolle-Paß nach Süden laufend, der Nordzug, der sich vom Cimone della Pala nach Nordosten hinzieht und die zu diesem parallel verlaufende Croda-Grande-Gruppe am südlichen Ende des Hauptzuges gelegen und deshalb auch als Südzug bezeichnet. Die beiden Klettersteige am nördlichen und südlichen Ende der Hauptkette mit dem verbindenden Weg durch diese sowie die zahlreichen Steige auf der Pala-Hochfläche ergeben Wandermöglichkeiten für jeden Geschmack und jedes Können.
Verkehrsverbindungen: Die Zugänge zur Palagruppe liegen an der Dolomitenstraße, die sich in einem Viereck um dieses H-förmige Felsmassiv schmiegt. Diese ist über Predazzo im Fassatal und den Rolle-Paß über Alleghe oder Forno di Canale zu erreichen. Günstigster Ausgangspunkt ist San Martino di Castrozza (Seilbahn auf die Rosetta, schmale Fahrstraße zur Malga sopra Ronz). Aber auch Fiera di Primiero, Agordo, Taibon und Falcade kommen in Frage.
Tip: Die Palagruppe ist noch nicht überlaufen, auch im späten Herbst noch Tourenmöglichkeiten.

Die Cima Canali von Westen.

Die Palagruppe (Pala di San Martino, Val-di-Roda-Kamm, Sass Maor und Cima della Madonna).

Inseln

Wenn ich an die Pala denke, entsteht in mir das Bild einer späten Gipfelstunde, in der nur die Spitzen der Berge — kleinen Inseln gleich — aus dem Dunkel ragten.
Auf jedem Gipfel dachte ich mir einige Menschen, die für sich allein dort saßen, schauten oder gingen.
Ich hätte, alle Tiefen unter uns vergessend, von Turm zu Turm gehen mögen, mit den anderen sprechen wollen.

16 Monte Agnér und Lastei d'Agnér

17 Die zwei Gesichter eines großen Dolomitenberges

Von Norden, vom Lucanotal aus, wirkt der Agnér mächtig und gleichzeitig formvollendet, steil und bedrückend hoch: eine der höchsten Wände der gesamten Dolomiten. Von Süden hingegen ist dieser östlichste der großen Pala-Gipfel relativ leicht zu erreichen. Der Weg der Erstbegeher (1875) ist heute teilweise mit Drahtseilen versichert und links davon führt ein neuer, sehr schwieriger und ausgesetzter Klettersteig (17) über die Wände des Lastei d'Agnér zur Forc. del Pizzon. Wer diesen großen Dolomiten-Gipfel aber besteigen will, sollte vorher in das Val di San Lucano fahren und einige Stunden unter seiner Nordwand sitzen, ich bin sicher, die Rund- und Tiefblicke von oben werden ihn dann doppelt begeistern.

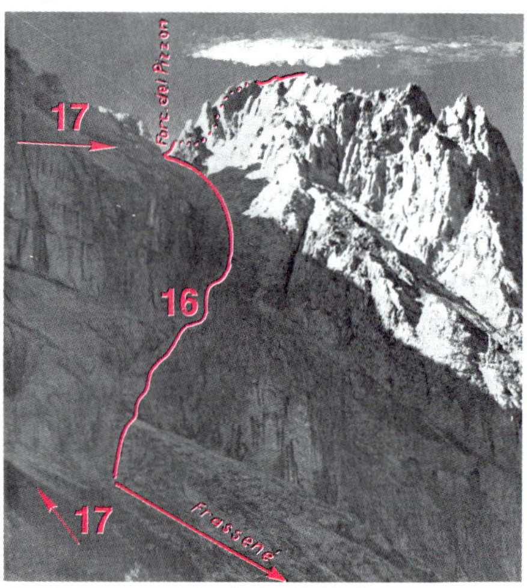

Gipfel/Höhe: Monte Agnér, 2872 m.
Höchste Höhe: 2872 m.
Jahreszeit: Juni bis Ende September.
Ausgangsort: Frassené, 1083 m.
Stützpunkt: Rif. Scarpa, 1742 m.
Zugang: Von Frassené (ca. 10 km von Agordo Richtung Cereda-Paß mit dem Sessellift, Talstation oberhalb der Kirche) zur Malga Losch, 1720 m; oder zu Fuß durch Wiesen und Fichtenhänge zum Rif. Scarpa bei der Malga Losch.
Einstieg: Links der Agnér-Rampe mit gelbem Farbfleck markiert. Nicht leicht zu finden. Zum Normalweg: in der großen Schlucht (Rampe), die von links nach rechts oben in die Forcella del Pizzon leitet.
Markierung: Steigspuren, Drahtseile, rote Markierung.
Höhenunterschiede, Gehzeiten: Rifugio Scarpa, 1742 m—Forcella del Pizzon —Bivacco Biasin: ca. 900 m, 3—4 Std., Forc. d. Pizzon—Gipfel: ca. 250 m, 1 Std.
Zeitdauer: Tagestour.
Abstieg: Über den versicherten Agnér-Normalweg. Oft Eis.
Schwierigkeit: Der Normalweg ist nur teilweise versichert; der Lastei-Steig ist einer der anspruchsvollsten in den Dolomiten.
Endpunkt: Frassené, 1083 m.
Kombinationsmöglichkeiten: Wanderung über die ausgedehnte Pala-Hochfläche, Civetta-Touren.
Vorschlag: Aufstieg über den neuen Klettersteig Lastei d'Agnér, Biwakschachtel Biasin, Gipfel, Abstieg über den teilweise versicherten Agnér-Steig. Steigeisen und Pickel sind oft vorteilhaft.
Führer/Literatur: Franceschini/Pellegrinon, Pale di San Martino. Langes, Dolomiten-Kletterführer.

Feuerlilien unter der mächtigen Nordwand des Monte Agnér.

18 Cimone della Pala, Bolver-Lugli-Steig

Auf den Spuren der Brüder Langes am »Matterhorn der Dolomiten«

Der Cimone della Pala, einer der kühnsten Dolomiten-Gipfel, erhebt sich unmittelbar über dem Rolle-Paß. Seit den Anfängen der Dolomiten-Erschließung lockt er Kletterer und Bergsteiger an. Der neue Klettersteig »Bolver-Lugli«, 1970 anläßlich der Hundertjahrfeier zur ersten Besteigung des Cimone eröffnet, folgt der »Higusi«-Führe, die von den Geschwistern Langes eröffnet wurde und den rechten Teil der Südwestwand durchzieht. Diese »via ferrata« zwischen dem Kar und der Biwakschachtel »Fiamme Gialle«, 3040 m, ermöglicht nicht nur einen direkten Zugang zum Cimone-Gipfel mit seiner berühmten Aussicht; sie fordert den hochalpinen Wanderer zu einer einmaligen Pala-Rundtour auf, nämlich zur Zentralkamm-Überschreitung.

Gipfel/Höhe: Cimone della Pala, 3185 m.
Höchste Höhe: 2938 m.
Jahreszeit: Juni bis Ende September.
Ausgangsort: San Martino di Castrozza, 1460 m.
Stützpunkt: Rosetta-Hütte, 2578 m.
Zugang: Von San Martino di Castrozza mit dem Sessellift zum Col Verde und auf dem Steig Nr. 706 zum Einstieg.
Einstieg: Bei der Gedenkplatte »Bolver-Lugli« über einen mit roten Flecken markierten Schrofensporn.
Markierung: Steigspuren, Drahtseile, rote Markierungspunkte.
Höhenunterschiede/Gehzeiten: Col Verde —Einstieg: ↑ 250 m, 1 Std. Einstieg —Ausstieg/Biwakschachtel: ↑ 500 m, 2½ Std. Abstieg zur Rosetta-Hütte: ↓ 1½ Std.
Zeitdauer: Tagestour.
Abstieg: Über den Travignolo-Paß, 2800 m, und Bettega-Paß zur Rosetta-Hütte (Seilbahn).
Schwierigkeit: Der lange und steile Anstieg verlangt Schwindelfreiheit und Trittsicherheit.
Endpunkt: San Martino di Castrozza, 1460 m.
Kombinationsmöglichkeiten: Aufstieg zum Cimone-Gipfel oder Rundtour mit Abstieg über den Schleierweg.
Vorschlag: Aufstieg über den Klettersteig »Bolver-Lugli«, Abstieg zur Rosetta-Hütte, Wanderung zur Pradidali-Hütte, Schleierweg, Abstieg nach San Martino di Castrozza (dazu am besten 2 Tage reservieren).
Führer/Literatur: Frass, Die schönsten Klettersteige der Dolomiten. Langes, Dolomiten-Kletterführer.

Ein Rückblick von der herbstlichen Rastwiese auf den Cimone della Pala.

19 Schleierweg

Velo-Klettersteig

Luftige Kletterei zwischen Cima Canali und Cima della Madonna

Die »via ferrata del Velo«, ursprünglich als rascher Zugang für Begeher der berühmten Schleierkante angelegt, hat heute viele begeisterte Liebhaber unter den Begehern von Klettersteigen. Verbunden mit der Wanderung von der Rosetta-Hütte durch den Kessel zwischen Pala di San Martino und dem zerrissenen Val-di-Roda-Kamm (Geländerseile) bietet sie die faszinierendste hochalpine Wanderung in der südwestlichen Palagruppe. Ein Gebiet, das bis vor wenigen Jahren nur dem Kletterer lieb war, wird jeden Wanderer voll befriedigen.

Höhe/Gipfel: Evtl. Rosetta-Gipfel, 2742 m.
Höchste Höhe: Ca. 2600 m.
Jahreszeit: Von Juni bis Ende September.
Ausgangsort: San Martino di Castrozza, 1460 m.
Stützpunkt: Rosetta-Hütte, 2578 m; Pradidali-Hütte, 2278 m.
Zugang: Von San Martino mit der Seilbahn auf den Rosetta-Paß und über den Ball-Paß zur Pradidali-Hütte. Von hier westwärts und hinunter in die Schlucht.
Einstieg: Über eine meist mit Schnee gefüllte Rinne (Geländerseil) zu den Felsen.
Markierung: Eisenklammern, Drahtseile, Steigspuren, Markierungssterne. Vorsicht bei der Abzweigung unter der Cima della Madonna.
Höhenunterschiede - Gehzeiten: Rosetta-Hütte—Pradidali-Hütte: → $1\frac{1}{2}$ Std. Pradidali-Hütte—Scharte: ↑ 400 m, $1\frac{1}{2}$ Stunden. Abstieg nach San Martino: 1200 m, $2\frac{1}{2}$—3 Std.
Zeitdauer: Tagestour.
Abstieg: Zuerst über Felsstufen, Kar, später durch Hochwald nach San Martino di Castrozza.
Schwierigkeit: Einige senkrechte Stellen verlangen besondere Geschicklichkeit; der Steig ist exponiert.
Endpunkt: San Martino di Castrozza, 1460 m.
Kombinationsmöglichkeiten: Mit dem Klettersteig »Bolver-Lugli« am Cimone della Pala.
Vorschlag: Aufstieg über den Klettersteig »Bolver-Lugli«, Abstieg zur Rosetta-Hütte, weiter über den Ball-Paß und den »Schleierweg« nach San Martino.
Führer/Literatur: Frass, Die schönsten Klettersteige der Dolomiten. Langes, Dolomiten-Kletterführer.

Im Aufstieg von der Pradidali-Hütte über den Schleierweg mit der Kulisse der Cima Canali im Hintergrund.

Aufstieg an den Cir-Spitzen (28), im Hintergrund die Sella.

Ohne Helm wäre er wohl tot gewesen

Am späten Vormittag, so erzählte Heindl Messner, der übrigens mein bester Führer ist, geschah es. Sie hatten das flache Mittelstück des Pisciadú-Klettersteiges schon hinter sich, als seine Gruppe plötzlich von zwei jungen Kletterern überholt wurde.
Bis dahin hatte es keine nennenswerte Schwierigkeiten gegeben, abgesehen von einem kurzen Zeitverlust am Einstieg; es mußte ja jeder seine Selbstsicherungsanlage knoten.
In der Nacht vorher hatte es geregnet und die Feuchtigkeit, die dieser Tour eigen ist, war größer als sonst. Heindl kletterte einmal als erster, dann wieder als letzter, er kontrollierte und beriet seine Schützlinge beim Aufstieg am Klettersteig, der relativ unbelebt war. Ein Stück oben sah er die beiden jungen Bergsteiger, die wenig vorher vorbeigeklettert waren, mit einem roten und mit einem blauen Pullover; der Abstand wurde sichtlich größer. Mit einem Mal fühlte Heindl, daß irgendwo etwas in der Luft war. Im gleichen Augenblick schwirrte ein kopfgroßer Stein schräg über die Steiganlage, direkt auf seine Schützlinge zu.
»Vorsicht!«
Er sah jetzt, daß der Stein nur wenig neben den Nachzüglern seiner Gruppe vorbeisauste und in der Tiefe verschwand.
»Stein! Vorsicht!«
Dann hörte er einen dumpfen Schlag, sah, wie weiter unten ein Mann zusammenbrach. Der Mann gehörte nicht mehr zu seiner Gruppe, aber er war verletzt, vielleicht schwer verletzt.
Heindl stieg unverzüglich ab, seine Schüler blieben an den Drahtseilen und Klammern gesichert stehen, sie warteten. Wirklich der getroffene Bergsteiger — übrigens ein Arzt, wie Heindl später erfahren sollte — war vom Stein schwer verletzt worden und hing nun bewußtlos in der armlangen Selbstsicherung, die am Drahtseil lief. Er war ein Mann über fünfzig, hatte jetzt ein blasses, fast fahles Gesicht und wäre sicher

auf der Stelle tot gewesen, hätte er keinen Steinschlaghelm getragen oder wäre er nicht gesichert gewesen. Niemand war da, der ihm hätte helfen können, niemand, der ihn aus der mißlichen Lage befreite.
Heindl, mit den Techniken der Bergrettung und Kameradenhilfe wohl vertraut, brachte ihn hinab in die Mulde, die ein Ausweichen nach links zur Pisciadú-Hütte ermöglicht. Dort holte ihn wenig später der Hubschrauber, um ihn so schnell wie möglich ins Krankenhaus zu bringen, wo er sich wieder erholen sollte.
Ohne Selbstsicherung und Steinschlaghelm ist man an Klettersteigen vielleicht freier, beweglicher, im Falle von Steinschlag aber sind sie oft lebensrettend. Und wenn der laufende Karabiner am Drahtseil auch nicht da sein soll, um Unsicherheit und Angst auszugleichen, er ist sinnvoll. Im Falle von objektiven Gefahren gibt es keine bessere Sicherung, jeder, auch der beste Kletterer darf sie anwenden, ohne sich schämen zu müssen.

IV

Sella/Marmolata

Vom Sella-Stock, einem fast viereckigen Koloß, gehen die vier ladinischen Täler aus: das Grödental, das Gadertal, Buchenstein und das Fassatal. Seine zentrale Lage wird noch betont durch die tiefen Einschnitte, die diese gewaltige dolomitische Erhebung — nur scheinbar gespalten durch die Senkungen des Val de Mesdì und des Val Lasties — von den umliegenden Erhebungen trennt. Im Gegensatz zu den gleichmäßigen Terrassen und Hochebenen der Sella wirkt die im Süden gelegene Marmolatagruppe vielfältig. Der flachen, vergletscherten Nordflanke dieses höchsten Dolomiten-Gipfels liegen die senkrechten Südabstürze gegenüber, durch die mit die schwierigsten Kletterrouten der Dolomiten ziehen.
Der dunkle Konglomeratrücken des Padonkammes trennt den Sella-Stock von der Marmolata. Er ist auf Grund seiner geringen Höhe bis unter die Gipfel begrünt.
Verkehrsverbindungen: Die Dolomitenstraße, über das Gröden-, Fassa- oder Gadertal zu erreichen, schlingt sich in einem engen Ring um den Fuß der Sellagruppe und erschließt so alle günstigen Ausgangspunkte für Bergtouren in diesem Gebiet (Grödner Joch, Sella-Joch, Pordoi-Joch, Campolongo-Paß, Taleingang ins Val Lasties sowie ins Val de Mesdì). Die Zugänge zur Marmolata beginnen am Pordoi-Joch (Bindel-Weg), im hintersten Fassatal, am Fedaja-See (von Canazei und Caprile erreichbar), in Arabba und Caprile.
Auch für den Padonkamm sind Arabba (Seilbahnstation zur Porta Vescovo), das Pordoi-Joch und Fedaja die besten Ausgangsorte.
Tip: Alle vier Klettersteige sind bei Regen sehr gefährlich; sie werden bis auf die Ferrata delle Trincee häufig begangen.

Die Marmolata und der Gran Vernel.

Andere Zusammenhänge

Es ergeht auch mir auf Bergtouren immer wieder wie dem Geschäftsmann, der plötzlich verstehen lernt, daß die Welt, in der er lebt — zwischen Wirtschaft und Politik, zwischen Einkauf und Verkauf, zwischen Gewinn und Verlust — auch die Welt ist zwischen Sonnenaufgang und Sonnenuntergang, zwischen Quelle und Unterkunft, zwischen Himmel und Erde.

Es ist bei uns in Europa unendlich schwierig geworden, eigene Gedanken und Lebensformen zu haben; aber es ist schon etwas, wenn wir uns in anderen Zusammenhängen sehen lernen.

20 Pößnecker-Steig

Über eine Himmelsleiter auf die Sella-Hochfläche

Der Pößnecker-Steig durch die steile und gleichzeitig doch gegliederte Nordwestwand des Piz de Ciavázes zählt zu den kühnsten Steiganlagen der Dolomiten. Die Wand, die am Morgen lange im Schatten liegt und deshalb vereist sein kann, bekommt erst am Nachmittag Sonne. Nicht selten bilden sich dann Regenbogen im Staub des Wasserfalls, die während des Aufstiegs immer wieder neue Formen anzunehmen scheinen.

So bietet dieser bereits historische Klettersteig nicht nur atemberaubende Tiefblicke und großartige Nahbilder von den benachbarten Berggruppen, sondern auch interessante Naturschauspiele.

Gipfel/Höhe: Piz Selva, 2941 m.
Höchste Höhe: 2941 m.
Jahreszeit: Juli bis September.
Ausgangsort: Gröden- oder Fassatal.
Stützpunkt: Sella-Joch (2214 m) mit Sella-Joch-Haus und Valentini-Hütte.
Zugang: Vom Sella-Joch quert man nordseitig (Nr. 649) unter den drei Sella-Türmen (Steig) bis unmittelbar unter die dunkle Wand, die links von einem Wasserfall begrenzt wird.
Einstieg: Rechts vom Wasserstreifen über einen kurzen Gratrücken zum ersten Drahtseil.
Markierung: Eisenklammern, Drahtseile, Leitern, rote Punkte.
Höhenunterschiede/Gehzeiten: Sella-Joch —Piz Selva: ↑ ca. 750 m, 4 Std. Piz Selva—Boé-Hütte—Sella-Joch: → , ↓ 3½ Std.
Zeitdauer: Tagestour.
Abstieg: Val Lasties oder wie Aufstieg.
Schwierigkeit: Die ersten 250 Höhenmeter sind sehr steil, aber gut versichert. Absolute Schwindelfreiheit und Trittsicherheit sind erforderlich. Da der Steig bei gutem Wetter fast immer überlaufen ist, herrscht erhöhte Steinschlaggefahr.
Endpunkt: Sella-Joch.
Kombinationsmöglichkeiten: Abstieg zur Pisciadú-Hütte (Nr. 666) und durch das Val Setus zum Grödner Joch, auch Pisciadú-Klettersteig.
Vorschlag: Sella-Joch ↑ Piz Selva → Boé-Hütte ↓ Val Lasties (Nr. 641) zur Sella-Joch-Straße ↑ Sella-Joch.
Führer/Literatur: Langes, Dolomiten-Kletterführer. Frass, Die schönsten Klettersteige der Dolomiten. Hager, Bergwanderführer Dolomiten.

Nach der langen Kaminreihe am Pößnecker-Steig. Im Hintergrund die Fermeda-Türme.

21 Pisciadú-Steig

Die Hängebrücke hoch überm Grödner Joch

Der Aufstieg vom Grödner Joch zum Pisciadú-See und der gleichnamigen Hütte ist seit 1968 in seiner ganzen Höhe über einen kühnen Klettersteig möglich, der zu Ehren der Alpinisoldaten aus dem Trentino, die ihn gemeinsam mit Germano Kostner errichteten, offiziell »via ferrata Brigata Tridentina« benannt wurde. Dieser im deutschen Sprachraum unter dem Namen »Pisciadú-Klettersteig« berühmt gewordene Anstieg führt an weit mehr als hundert Eisenklammern, an Drahtseilen und über eine Hängebrücke auf die große Terrasse mitten im Sella-Stock, unmittelbar unter die Wände, Grate und Kanten der Pisciadú-Spitze, des Pisciadú-Turmes, des Daint de Mesdì.

Gipfel/Höhe: Evtl. Pisciadú-Gipfel, 2985 m.
Höchste Höhe: 2583 m.
Jahreszeit: Juli bis Ende September.
Ausgangsort: Gader- und Grödental.
Stützpunkt: Grödner Joch, 2121 m, Pisciadú-Hütte.
Zugang: Vom Grödner Joch über den Rasenkamm empor in Richtung Sella-Stock (Nr. 666) und nach links über Geröllhalden bis zum Einstieg (etwa 10 Minuten nach der Mündung ins Val Setus) oder vom Parkplatz, Kilometerstein 8, bei der Tafel 2 km östlich vom Joch, über das Steiglein zum Einstieg.
Einstieg: Rechts eines Wasserfalls beginnen sofort die Drahtseilversicherungen.
Markierung: Drahtseile, Klammern, Steigspuren.
Höhenunterschiede/Gehzeiten: Grödner Joch—Einstieg: ↑ 150 m, 3/4 Std. Einstieg—Pisciadú-Hütte: ↑ 400 m, 2 Std.
Abstieg: Pisciadú-Hütte—Grödner Joch: ↓ 1 1/4 Std.
Zeitdauer: Tagestour.
Schwierigkeit: Absolute Schwindelfreiheit, Trittsicherheit und Beherrschung des Selbstsicherungsverfahrens sind Voraussetzung.
Endpunkt: Grödner Joch.
Kombinationsmöglichkeiten: Übergang über das Sella-Hochplateau mit Abstieg über den Pößnecker-Steig.
Vorschlag: Aufstieg über den Pisciadú-Steig und Abstieg durch das Val Setus (Nr. 666, teilweise drahtseilversichert) zum Grödner Joch.
Führer/Literatur: Frass, Die schönsten Klettersteige der Dolomiten. Hager, Bergwanderführer Dolomiten.

Am Ende des Pisciadú-Steiges führt diese Hängebrücke über den Abgrund.

22 Marmolata-Westgrat

Über Fels und Firn auf die »Königin der Dolomiten«

Der Aufstieg über den Marmolata-Westgrat bietet Einblick in die beiden Gesichter dieses höchsten Dolomiten-Gipfels. Die mit zahlreichen Klammern, Eisenstiften und Drahtseilen versicherte Steiganlage — schon vor dem ersten Weltkrieg von der Sektion Nürnberg des DAV errichtet — verläuft unmittelbar über der senkrechten Südwestwand. Im Norden — also im Sinne des Aufstieges links — ziehen sich Eis- und Firnhänge hinunter gegen den Fedaja-See. Bei gutem Wetter reicht die Aussicht weit über die Dolomiten hinaus. Die Marmolata ist aber ebenso bekannt für ihre plötzlichen Wetterstürze. Beste Ausrüstung, Steigeisen, Pickel sowie Karte und Bussole zur Orientierungshilfe sollten nicht vergessen werden.

Gipfel/Höhe: Marmolata, 3344 m.
Höchste Höhe: 3344 m.
Jahreszeit: Juli bis Mitte September.
Ausgangsort: Alba oder Canazei im Fassatal.
Stützpunkt: Contrinhaus, 2016 m, oder Biwakschachtel am Ombretta-Paß, 2704 m.
Zugang: Vom Contrinhaus über den Steig (Nr. 606) in Richtung Ombretta-Paß und bei der Abzweigung (Tafel) links in Richtung Marmolata-Scharte.
Einstieg: In den engen Spalt (Klammern, oft eisig) unter der Marmolata-Scharte.
Markierung: Drahtseile, Leitern, Steigspuren.
Höhenunterschiede/Gehzeiten: Alba—Contrinhaus: ↑ 500 m, 1¾ Std. Contrinhaus—Marmolata-Scharte: ↑ 800 m, 2 Std. Marmolata-Scharte—Gipfel: ↑ 500 m, 2 Std.
Abstieg: Wie Aufstieg oder über die Nordseite zum Fedaja-See.
Zeitdauer: 1½ Tage.
Schwierigkeit: Auf Grund häufiger Vereisung und Nässe ist der abgekletterte Marmolata-Westgrat immer ein ernstes Unternehmen. Vorsicht bei lockeren Seilen und Klammern.
Endpunkt: Alba.
Kombinationsmöglichkeiten: Übergang zur Punta di Rocca (schwierig); Abstieg über die Normalführe (Spalten).
Vorschlag: Aufstieg über den Westgrat und anschließender Abstieg über den Normalweg an der vergletscherten Nordflanke.
Führer/Literatur: Frass, Die schönsten Klettersteige der Dolomiten. Langes, Dolomiten-Kletterführer. Hager, Bergwanderführer Dolomiten.

An den steilen Platten des Marmolata-Westgrates liegt oft Schnee.

23 Ferrata delle Trincee

Dunkler Konglomerat im Herzen der Dolomiten

Am Padonkamm, einem dunklen Konglomeratrücken zwischen Sella, Buchenstein, Civetta und Marmolata, gibt es einen kurzen, aber reizvollen Klettersteig. Die Route ist elegant in der Anlage, sauber und nicht übertrieben in den Seilsicherungen; der Fels ist teilweise senkrecht, die Aussicht einmalig.

Bei klarem Wetter reicht der Blick von der Rosengartengruppe über den Langkofel, die Sella, den Heiligkreuzkofel, die Tofanen, den Monte Cristallo, den Antelao, den Pelmo bis zur Civetta und den nahen Gletscherflächen der Marmolata. 1100 m tiefer liegt das Buchensteintal. Der Ideator dieser Steiganlage, Salvatore Gilberto, hat mit dieser »Ferrata« nicht nur einen der zentralen Aussichtspunkte in den Dolomiten attraktiv gemacht, er hat alte Kriegsstellungen erschlossen.

Die heute noch unbekannte Steiganlage verdient mit ihren luftigen Passagen, den blumigen Wiesenhängen am Einstieg, den atemberaubenden Nah- und Tiefblicken alle Prädikate eines idealen Klettersteiges.

Gipfel/Höhe: Bec de Mesdi (auch Mesola oder Mittagsspitze), 2733 m.
Höchste Höhe: 2733 m.
Jahreszeit: Mai bis Oktober.
Ausgangspunkt: Arabba, 1605 m, oder auch Fedaja, 2047 m.
Stützpunkt: Hotels in Arabba, Schutzhäuser in Fedaja.
Zugang: Am einfachsten mit der Seilbahn von Arabba auf die Porta Vescovo (2516 m) und über ein Steiglein zum Einstieg an der Westkante (20 Min.). Hierher auch zu Fuß von Fedaja (1½ Std.) oder Arabba (ca. 3 Std.).
Einstieg: Unter der steilen Südwestflanke. Eine Tafel (Ferrata delle Trincee) und ein Drahtseil markieren den Einstieg.
Markierung: Rote Punkte, Drahtseile, Steigspuren, einige wenige Metallklammern.
Höhenunterschiede/Gehzeiten: Porta Vescovo—Mittagsspitze: ↑ ca. 220 m, 1 Std. Mittagsspitze—Ostgipfel: → ½ Std. Ostgipfel—Porta Vescovo: ↓ ¾ Std.
Abstieg: Vom Ostgipfel östlich bis auf eine seichte Scharte hinab und über Steigspuren zurück zum Ausgangspunkt.
Zeitdauer: Halbtagestour.
Schwierigkeit: Der Steig ist stellenweise schwierig, die Versicherungen (laufendes Drahtseil) allerdings sind sehr gut.
Endpunkt: Porta Vescovo (2516 m).
Kombinationsmöglichkeiten: Mit einer Wanderung über den Bindel-Weg; Übergang zum Marmolata-Westgrat möglich.
Vorschlag: Entweder Halbtagestour von Arabba aus (Seilbahn) oder Tagestour in Verbindung mit dem Bindel-Weg vom Pordoi-Joch aus und dorthin zurück.
Führer/Literatur: Delago, Dolomiten-Wanderbuch.

Blick aus dem Trincee-Steig zur Marmolata.

Reinhold Messner in der Zeit seiner ersten Kletterjahre am Gipfel des Sass Rigais.

Es war vor mehr als zwanzig Jahren

Die allerwenigsten nur wissen, wie oft ich am Berg schon umgekehrt bin, wie oft ich aufgegeben habe, ohne den Gipfel zu erreichen. Und ich bereue keine meiner abgebrochenen Touren, weine keinem Gipfelerfolg nach, der mit mehr Einsatz oder Selbstüberwindung vielleicht möglich gewesen wäre.

Mit Schmunzeln aber bekenne ich, daß es unter all meinen Rückzügen einen gibt, den ich mir in der bloßen Erinnerung nicht erklären kann. Es war vor mehr als zwanzig Jahren; ich war damals keine zehn, hatte aber schon zahlreiche Wanderungen und mit meinen Eltern den Sass Rigais über den Klettersteig gemacht. Ich hielt mich deshalb für einen erfahrenen Bergsteiger und führte das Wort, wenn es unter Gleichaltrigen am Spielplatz oder in der Schule ums Klettern ging.

In der Ministrantengruppe, zu der ich damals gehörte, war soeben ein Ausflug besprochen worden und zwei Bergtouren in Aussicht genommen: eine einfache Wanderung oder die Besteigung des Peitlerkofels über die leichte Südseite. Da diese Route mit Drahtseilen versichert ist, sollte es auch für eine Gruppe, wie wir sie darstellten, keine ernsten Gefahren geben, Ich war natürlich für den Peitler und verzehrte mich in Erwartung auf diesen Berg. In vielen Stunden Fußmarsch stiegen wir von St. Peter in Villnöß aus über Almwiesen und die Peitler-Scharte bis an die Südseite des Peitlerkofels auf. Die Hänge waren nur mehr teilweise begrünt und die Schneeflecken blendeten in der Mittagssonne. Auf dem Hügel unter der Schlußwand, von dem links ein Steiglein zum Kleinen Peitler aufsteigt, stand ich und beobachtete die Kameraden, die über die steile Wand emporkletterten. Ich war nicht der einzige, der hier zurückgeblieben, den Angst überkommen hatte. Nun standen wir oben in der Scharte und ich hatte Angst, Angst einzusteigen, Angst vor der Tiefe, einfach Angst.

Der Fels erschien mir steil, die Scharte — der Übergang vom Vorberg zur Schlußwand — ausgesetzt. Auch wähnte ich den Gipfel noch weit oben, so daß mein Mut nicht ausreichte, um nach ihm zu greifen.
Auch unter den anderen Buben, die mit mir zurückgeblieben waren, kam keine rechte Unterhaltung auf. So saßen wir alle wortlos da und schauten hinüber zum Klettersteig, als würde dort ein Film ablaufen.
Da kamen auch schon die ersten von oben zurück und fragten, ob wir es nicht doch noch versuchen wollten, es sei ganz leicht und nicht lang. Ich überlegte, aber wieder umfaßte mich die Angst und ich schüttelte verneinend den Kopf. Wenig später liefen wir talwärts und mir war, als ob sich die Umklammerung löste, als dürfte ich jetzt wieder freier atmen. Wenn ich mich heute in jene Bubenhaut zurückversetze, bin ich froh, daß mich niemand gezwungen hat, daß ich unten geblieben bin ... vielleicht hätte die niedergetretene Angst genügt, um mir das Bergsteigen für das ganze Leben zu verekeln.

V

Geisler/Peitler/Cir

An den Peitlerkofel, den nordwestlichen Eckpfeiler der Dolomiten, schließt sich im Südwesten die Geislergruppe an, die das hintere Villnößtal vom Grödental trennt. Diese in ihrer Harmonie der Formen wohl eleganteste Dolomitengruppe ist die erste, die der Reisende sehen kann, wenn er vom Brenner nach Südtirol fährt. Im Süden der Geisler-Spitzen breitet sich die Puez-Hochfläche aus, die in den Cir-Spitzen einen klaren Abschluß zum Grödner Joch hin findet. Die Wanderung quer durch diese Gruppen — es gibt immer wieder mehrere Möglichkeiten — mit der Besteigung der drei markantesten Gipfel über ihre Klettersteige ermöglicht ein vollkommenes Dolomiten-Erlebnis.
Verkehrsverbindungen: Seit kurzem ist es möglich, über das Grödental, das gleichnamige Joch, Corvara, St. Martin im Gadertal und die neu erbaute Schotterstraße über das Halsl ins Villnößtal und somit ganz nahe um diese Gruppen herumzufahren. Der günstigste Ausgangsort zum Peitlerkofel und den Geisler-Spitzen ist St. Magdalena in Villnöß (Busverbindung nach Brixen und Klausen) mit der Schotterstraße zur Zanser Alm. Aber auch Untermoi (Peitler) und St. Christina (Geisler von Süden) kommen in Frage. Für die Cir-Spitzen oder die Durchquerung in Süd-Nord-Richtung steigt man am besten vom Grödner Joch (auch Busverbindung) auf.
Tip: Der Munkel-Weg und die Puez-Hochfläche ermöglichen stille Verbindungsmöglichkeiten zu den Klettersteigen.

Die Geisler-Spitzen von St. Magdalena in Villnöß.

Geisler-Spitzen

Mir geht es um meine eigenen Mühen und Visionen.

Ich kenne an den Geisler-Spitzen jedes Band, jede Scharte, jede Route und doch interessiere ich mich noch für so vieles rund um sie herum.
Es sind aber nicht die Gipfel, die man wieder erreichen möchte, sondern die eigene Freude, die Überraschungen, die man in sich trägt, die Antworten auf sich und die Größe der Welt.
Berichte und Erzählungen von Dritten befriedigen mich nicht, ich will selbst sehen, den Fels wieder abtasten, meine neuen Dimensionen abstecken.

24 25 Sass-Rigais-Überschreitung

Über Rinnen, Schluchten und luftige Grate auf einen Dreitausender

Der Sass Rigais, mit der benachbarten Furchetta der höchste Gipfel der Geislergruppe, gehört zu den meistbestiegenen Dolomiten-Dreitausendern. Zwei versicherte Klettersteige führen auf den Gipfel dieses prachtvollen Aussichtsberges und ermöglichen eine lange, abwechslungsreiche Überschreitung. Während der Ostgrat, eine kurze, steile Kletterei an Drahtseilen und Schrofen, für Nur-Wanderer zu schwierig ist, bietet die leichtere Route über die mäßig steile Südflanke jedem trittsicheren Bergsteiger eine unterhaltsame Kletterei. Dieser gutangelegte Klettersteig führt anfangs durch Rinnen und Schluchten (Vorsicht bei Steinschlag) auf grasdurchsetzte Hänge und Wandstufen, über die der ausgesetzte Gipfelgrat erreicht wird. Der Tiefblick vom Gipfel ins Villnößtal ist atemberaubend, ein bleibender Eindruck.

Gipfel/Höhe: Sass Rigais, 3027 m.
Höchste Höhe: 3027 m.
Jahreszeit: Mitte Juni bis Anfang Oktober.
Ausgangsort: St. Christina/Gröden; St. Magdalena/Villnöß.
Stützpunkte: Geisler-Hütte (2039 m), Glatsch-Alm (1997 m) oder Brogles-Alm (2045 m).
Zugang: Von der Regensburger-Hütte (= Geisler-Hütte) über die Cisles-Alm zur Mittags-Scharte; von Villnöß über die Mittags-Scharte.
Einstieg: In halber Höhe (dritte Schlucht von oben) auf der südlichen Seite der Mittags-Scharte.
Markierung: Rote Punkte, Steig oder Drahtseile.
Höhenunterschiede/Gehzeiten: Geisler-Hütte—Einstieg: ↑ ca. 500 m, 1½ Std. oder Brogles—Mittags-Scharte—Einstieg: ↑ ca. 650 m, 2½ Std. Einstieg—Gipfel: ↑ ca. 500 m, 2 Std.
Zeitdauer: Tagestour.
Abstieg: Wie Aufstieg oder Überschreitung.
Schwierigkeit: Mittelschwierig, Schwindelfreiheit erforderlich.
Endpunkt: Geisler-Hütte oder Brogles-Alm.
Kombinationsmöglichkeiten: Aufstieg über den versicherten Ostgrat; Abstieg über die Südseite in die Mittags-Scharte.
Vorschlag: Die Überschreitung des Sass Rigais mit Aufstieg über steileren Ostgrat (I) aus der Scharte bzw. Furchetta und Sass Rigais und Abstieg über den Klettersteig. Außerordentlich abwechslungsreich.
Führer/Literatur: Langes, Dolomiten-Kletterführer. Delago, Dolomiten-Wanderbuch. Hager, Bergwanderführer Dolomiten. Mussner, Wanderführer durch Gröden.

Am Gipfelgrat des Sass Rigais.

26 Peitlerkofel

Auf den nordwestlichen Eckpfeiler der Dolomiten

Der Gipfel des Peitlerkofel — nach Norden und Westen bricht er mit einer senkrechten, bis zu 600 m hohen Wand ab — ist von Süden dank der versicherten Steiganlage jedem geübten Hochgebirgswanderer zugänglich. Die Kletterei ist kurz, unterhaltsam, aber nie schwierig.

Die Aussicht vom Gipfel ist berühmt und bei klarem Wetter schweift der Blick von der Glocknergruppe im Nordosten über die Rieserferner, die Zillertaler, Stubaier und Ötztaler Alpen bis zur Ortlergruppe und die Berge der Schweiz. Besonders eindrucksvoll stehen im Süden die nahen Dolomiten. Ihre ungezählten Zacken, Grate und Wände bilden eine aufregende Phalanx.

Gipfel/Höhe: Peitlerkofel, 2874 m.
Höchste Höhe: 2874 m.
Jahreszeit: Juni bis Oktober.
Ausgangsort: St. Peter und St. Magdalena in Villnöß, Untermoi im Gadertal, Palmschoß.
Stützpunkt: Schlüter-Hütte (2301 m), von der Zanser Alm in zwei Stunden zu erreichen.
Zugang: Von der Hütte östlich zum Kreuzkofel-Joch (2344 m), weiter in nördliche Richtung zur Peitler-Scharte (2361 m) und hinauf in den Einschnitt zwischen Kleinem und Großem Peitlerkofel.
Einstieg: In den schwach ausgeprägten, gegliederten Südgrat.
Markierung: Durch Drahtseile, Stufen und rote Farbmarkierungen.
Höhenunterschiede/Gehzeiten: Schlüter-Hütte—Einstieg: ↑ ca. 500 m, 1¾ Std. Einstieg—Gipfel: ↑ ca. 100 m, 20 Minuten.
Zeitdauer: Halbtagestour.
Abstieg: Wie Aufstieg.
Schwierigkeit: Der kurze, felsige Gipfelaufbau ist nicht steil, erfordert etwas Trittsicherheit und Schwindelfreiheit.
Endpunkt: Schlüter-Hütte.
Kombinationsmöglichkeiten: Bei 2—3 Tagen mit dem Sass Rigais in der Geislergruppe zu kombinieren.
Vorschlag: Mit dem Wagen bis zur Zanser Alm ↑ Schlüter-Hütte ↑ Peitlerkofel ↓ Schlüter-Hütte ↑ Wasser-Scharte ↓ Geisler-Hütte ↑ Ostgrat am Sass Rigais ↓ Mittags-Scharte ↓ Munkel-Weg → Zanser Alm.
Führer/Literatur: Delago, Dolomiten-Wanderbuch. Hager, Bergwanderbuch Dolomiten. Dr. Psaier, Villnöß.

Im Norden bricht der Peitlerkofel mit einer 600 m hohen Wand ab. Über den Südhang führt ein Klettersteig.

27 Cir-Spitzen, zwei kurze Klettersteige

28 Lohnende Eingehtouren mit prächtigem Rundblick

Die Pyramide der Großen Cir-Spitze, die alle Gipfel im sägenartigen Kamm überragt, ist ein beliebter Aussichtsberg. Nachdem der berühmte Adang-Kamin 1962 durch einen Bergsturz unbegehbar geworden ist, hat der Gipfel für die ausgesprochenen Kletterer vieles von seiner Anziehungskraft verloren. Für den trittsicheren Hochgebirgswanderer aber hat sich nichts geändert. Nach einer kurzen Wanderung über die blumenreichen Almwiesen, einer steilen Geröllhalde und der abwechslungsreichen Kletterei erlebt er bei gutem Wetter prächtige Einblicke in die nahe Sellagruppe, in die Langkofel-Ostwand, in die Puez- und Geislergruppe.

Gipfel/Höhe: Große Cir-Spitze, 2597 m.
Höchste Höhe: 2597 m.
Jahreszeit: Anfang Juni bis Mitte Oktober.
Ausgangsort: Gröden- oder Gadertal.
Stützpunkt: Grödner Joch (mehrere Hütten), 2121 m.
Zugang: Vom Joch über einen Weg und anschließenden Wiesensteig zur Schlucht westlich der Großen Cir-Spitze.
Einstieg: Über die Schlucht und nach rechts zu einem breiten Band mit Drahtseilen.
Markierung: Rote Farbflecken, Drahtseile, Steigspuren.
Höhenunterschiede/Gehzeiten: Grödner Joch—Große Cir-Spitze: ↑ 480 m, 1½ Std.
Zeitdauer: Halbtagestour.
Abstieg: Wie Aufstieg.
Schwierigkeit: Der kurze Klettersteig verlangt Trittsicherheit, ist sonst aber leicht.
Endpunkt: Grödner Joch.
Kombinationsmöglichkeiten: Mit den Klettersteigen in der Geisler- oder Sellagruppe.
Vorschlag: ↑ Große Cir-Spitze ↓ Wandfuß → Wanderung über das Cir-Joch und Crespeina-Joch zum sagenumwobenen Crespeina-See (2373 m).
Führer/Literatur: Langes, Dolomiten-Kletterführer. Mussner, Wanderführer durch Gröden.

28 Unmittelbar über der Bergstation des Gondellifts von Wolkenstein ragt in der westlichen Cirgruppe ein Turm auf, auf den ein kurzer (ca. 150 m), hübscher (steil, fester Fels) und luftiger Klettersteig führt (1½ Std. vom Grödner Joch). Einstieg bei einer Leiter rechts einer seichten Rinne (rote Farbfl.) in der Fortsetzung des Wiesengrates, der die Wasserscheide bildet.

Gewitter knapp unterhalb des Gipfels der Großen Cir-Spitze. Bei Blitzgefahr weg von Eisenleitern und Drahtseilen!

29 Sass Songher

Mächtiger Aussichtsturm am Rande der Puez

Hoch und steil ragt der Sass Songher, das Wahrzeichen des hintersten Gadertales, über Corvara und Colfuschg auf. Die Südabbrüche dieses markanten Dolomiten-Gipfels sind nur guten Kletterern vorbehalten, der Normalweg über die Südwestseite hingegen ist eine lohnende Bergtour für jeden geübten Hochgebirgswanderer.
Die Steiganlage, die bis zum Gipfel führt, ist zwar kein Klettersteig im herkömmlichen Sinne, die mit Drahtseilen gesicherten Passagen aber geben ihr einen solchen Charakter, auch wenn die Drahtseile-Stellen weit kürzer sind als die am Sass Rigais oder weniger steil als die am Oskar-Schuster-Steig am Plattkofel.
Der Sass Songher, bei gutem Wetter ein ebenso dankbarer Aussichtsberg wie dieser letztgenannte Dolomiten-Gipfel, wird sehr oft bestiegen und ist deshalb im Hochsommer nicht selten überlaufen.

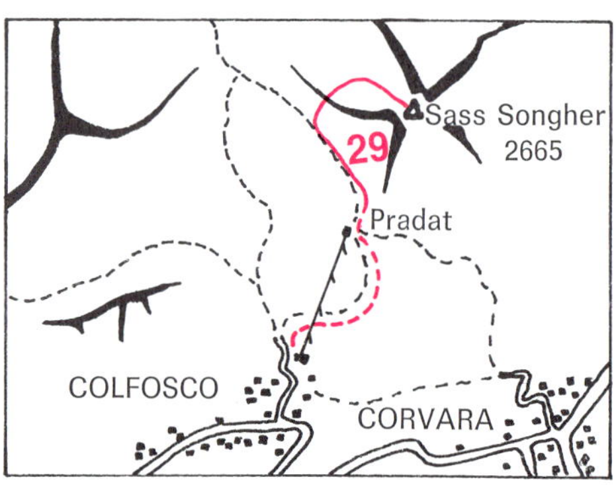

Gipfel/Höhe: 2665 m.
Höchste Höhe: 2665 m.
Jahreszeit: Ende Juni bis Anfang Oktober.
Ausgangsorte: Colfuschg oder auch Corvara; evtl. Grödner Joch.
Stützpunkte: Hotels oder Privatpensionen in den umliegenden Fremdenverkehrsorten.
Zugang: Direkt von Colfuschg oder in der Verbindung mit einer Wanderung vom Grödner Joch.
Einstieg: Der schrofige Steig beginnt an der Sass-Songher-Scharte, die man am schnellsten über das Tälchen Pradat erreicht.
Markierung: Steigspuren, Drahtseile, Farbflecke.
Höhenunterschiede/Gehzeiten: Colfuschg —Val Pradat — Sass-Songher-Scharte: ↑ ca. 800 m, 2 Std. Sass-Songher-Scharte—Gipfel: ↑ ca. 200 m, 1 Std.
Zeitdauer: Knappe Tagestour, besonders in Verbindung mit der Wanderung vom Grödner Joch.
Abstieg: Wie Aufstieg (ca. 2 Std.).
Schwierigkeit: Leichte Steiganlage, Erfahrung in Schrofengelände erforderlich.
Endpunkt: Colfuschg.
Kombinationsmöglichkeiten: Mit den Klettersteigen an den Cir-Spitzen oder einer Wanderung über die Puez-Hochfläche zur Geislergruppe.
Vorschlag: Wanderung vom Grödner Joch, vorbei an den Südabstürzen des Sass da Ciampac, Sass Songher und Rückkehr über das Crespeina- und Cir-Joch zum Grödner Joch.
Führer/Literatur: Hager, Bergwanderführer Dolomiten. Delago, Dolomiten-Wanderbuch.

Der Sass Songher von Süden, der Normalweg, teilweise versichert, verläuft über die Gegenseite.

Aufstieg am verschneiten Marmolata-Westgrat.

Freizeit im Gebirge

Das Begehen von Klettersteigen gehört wie das einfache Bergwandern zu den idealen Ausgleichssportarten. Es verlangt zwar mehr Konzentration, größere Trittsicherheit und meist Schwindelfreiheit, die Bewegung aber — rhythmisch und langsam ausgeführt — verteilt sich gleichmäßig auf Arme und Beine. Die kontinuierliche Anstrengung bringt nicht nur den Stoffwechsel wieder in Ordnung, sie regt an zum Nachdenken, zum Meditieren und bringt den Menschen der Natur und sich selbst näher.
Entgegen der vielfach verbreiteten irrigen Meinung, Bergsteigen sei nur etwas für unerschrockene »Naturburschen« und Klettern nur etwas für die Mutigsten unter den Mutigen, ist inzwischen erwiesen, daß es bis zu einem bestimmten Grad jeder gesunde Mensch lernen kann, daß eine vernünftige Anstrengung in der Höhe vor allem einen Gesundungsprozeß nach sich zieht, ja sogar einer Vorbeugungsmaßnahme gegen Herzinfarkt gleichkommt.
Noch mehr aber als das körperliche fördert vernünftiges Bergsteigen das seelisch-geistige Wohlbefinden. Das selbständige Entscheiden, von der Planung über den Aufbruch bis zur eventuellen Umkehr, das Wissen um die Gefahren und das entsprechende Verhalten, die Mühen und Schwierigkeiten, deren Überwindung Willen, Geschicklichkeit und Ausdauer erfordern: dies alles zusammen — die Bergtour — bildet ein Ganzes, dem ein einzelner Mensch, eine Seilschaft oder eine kleine Gruppe ohne Hilfe von außen gegenübersteht. Der Bergsteiger erfaßt bei der Tour nicht nur seine Grenzen, er erkennt neue Zusammenhänge, er lernt die Grundform menschlichen Erlebens kennen: das Auf-sich-allein-gestellt-Sein zwischen Aufbruch und Heimkehr.
Der Wert des Bergsteigens liegt nicht zuletzt eben darin, daß der einzelne planen muß, sich abmühen muß, Entscheidungen treffen muß. Um aber richtig planen und entscheiden zu können, ist viel Erfahrung und ein Fachwissen Voraussetzung, die allein erst einen unfallfreien Verlauf einer Bergfahrt sichern.

Jeder »extreme Wanderer«, wie ich den Klettersteige-Begeher gerne nenne, begibt sich nicht nur in größere Schwierigkeiten, größere Ausgesetztheit und größere Höhen als der Bergwanderer, er muß wissen, daß bei einem Wettersturz auch ein Klettersteig überaus schwierig werden kann, daß das Wegfinden in dichtem Nebel viel Erfahrung, vielleicht sogar Instinkt verlangt, daß man im Notfall meist völlig auf sich allein gestellt ist. Schon vor der Tour sollte sich deshalb jeder Begeher von Klettersteigen mit Wetterkunde, Orientierung im Gebirge, Verhalten bei Blitzgefahr, Ausrüstung und Erster Hilfe befassen, sich geistig auf sein Unternehmen einstellen.
Nur unter diesen Voraussetzungen kann der Führerlose seine Klettersteige-Touren verantworten und nur so darf diese Art des Bergsteigens als sinnvolle Freizeitbeschäftigung verstanden werden; als die Ausschöpfung einer Möglichkeit, die in der modernen Freizeitgestaltung einmalig ist.

VI

Fanes/Sennes/Tofane

Dieses große Gebiet wird im Norden durch das Pustertal, im Osten durch das Höhlenstein- und Boitetal, im Süden durch den Falzarego-Paß sowie durch das anschließende Val Parola und im Westen durch das Abtei-Gadertal begrenzt. Diese Berggruppe — es herrschen weite Hochflächen vor, die nur an ihren Rändern steil in die Täler abfallen — hat ihren ursprünglichen Charakter bewahrt. In der fast unberührten Dolomitenlandschaft sind lange Wanderungen auf gleichbleibender Höhe möglich, die durch die Klettersteige an Reiz gewinnen und dem Wanderer ganz neue Ausblicke eröffnen.

Verkehrsverbindungen: Die Ausgangsorte zu diesen Berggruppen liegen am großen Ring, der durch die oben angeführten Täler gebildet wird, sowie in den jeweiligen Seitentälern. Sie werden vom Brenner kommend über Franzensfeste bzw. der Autobahnausfahrt Brixen über das Pustertal erreicht. Der günstigste Ausgangsort für die meisten Kletterer ist der Falzarego-Paß (von hier Seilbahn auf den Kleinen Lagazuoi). Aber auch Cortina d'Ampezzo, Pedraces (Sessellift nach Heiligkreuz), Armentarola (Sträßchen in den Talboden unterhalb der Scotoni-Hütte) und Pederú in Enneberg (Schotterstraße zur Fanes-Hütte) kommen in Frage.

Tip: Als Ganzes ist dieses Gebiet noch kaum überlaufen, wenn auch die Lagazuoi-Seilbahn die nächste Umgebung der Bergstation mit Touristen überschwemmt.

Die Östlichen Dolomiten zwischen dem Heiligkreuzkofel und der Tofana di Rozes.

Empfindungen

Selbst auf leichten Klettersteigen erlebt der Bergsteiger seine Umgebung nicht nur als Kulisse. Die Farben der Täler und Felsen, die Spuren des Windes am Himmel, die Wolken, der Geruch der Luft, die um sein Gesicht streicht, das alles läßt ihn nachdenken, abwägen.
Aus hundert Anzeichen fühlt er den nahenden Wettersturz, den Schnee in den Wolken, die mit Blitzen geschwängerte Luft, aber auch den warmen, ruhigen Herbsttag . . . und er weiß, heute kann ich zwei Stunden am Gipfel sitzen und träumen.

30 Heiligkreuzkofel-Diagonale

Unter Riesenpfeilern entlang ins Reich der Fanes

Rechts der Hauptflucht des Heiligkreuzkofel, die aus drei etwa 600 Meter hohen gelbbraunen Felspfeilern aufgebaut ist, zieht sich eine lange Felsmauer hin, die am Fuße von vielen Bändern durchzogen ist. Über diese Bänder und Schrofen führt ein teilweise versicherter Klettersteig bis zum Kreuzkofel-Joch, über den Grat erreicht man den Gipfel.
So beeindruckend der Anblick dieser senkrechten Mauer von unten auch gewesen sein mag, seine ganze Höhe wird erst beim Tiefblick erfaßbar, sie ist so unmittelbar, daß man auf den überwältigenden Rundblick zuerst gar nicht achtet.

Gipfel/Höhe: Heiligkreuzkofel, 2907 m.
Höchste Höhe: 2612 m.
Jahreszeit: Juni bis Oktober.
Ausgangsort: Pedraces im Abteital.
Stützpunkt: Gasthof Heiligkreuz, 2045 m. Sessellift von Pedraces.
Zugang: Dem Steig Nr. 7 folgend durch Latschen und Geröll in südöstliche Richtung zum Fuß des Bergvorbaues.
Einstieg: Nach links in die Felsen, Aufstieg über Bänder und Schrofen.
Markierung: Steig, Drahtseile.
Höhenunterschiede/Gehzeiten: Bergstation Gondellift—Heiligkreuz-Hospiz: ↑ 200 m, ½ Std. Heiligkreuz—Gipfel: ↑ 900 m, 3 Std.
Zeitdauer: Tagestour.
Abstieg: Wie Aufstieg oder zur Klein-Fanes-Alpe.
Schwierigkeit: Der Steig ist nicht steil, einige Schutt- und Schrofenstellen verlangen etwas Übung. Wenige Seile.
Endpunkt: Heiligkreuz oder Fanes-Hütte, Lavarella-Hütte.
Kombinationsmöglichkeiten: Mit Abstieg über die verkarstete Hochfläche zur Klein-Fanes-Alpe.
Vorschlag: Pedraces ↑ Heiligkreuz ↑ Heiligkreuzkofel ↓ Klein-Fanes-Alpe ↓ Rautal (Busverbindung).
Führer/Literatur: Hager, Bergwanderführer Dolomiten. Delago, Dolomiten-Wanderbuch.

Klettersteige sind in jeder Altersstufe möglich — von 6 bis 80 sozusagen —, nur trittsicher und schwindelfrei muß man sein, auch erfordern viele von ihnen Ausdauer.

Oberhalb des Latschengürtels am Heiligkreuzkofel beginnt ein Klettersteig, der diagonal durch die Westflanke dieses Felsabsturzes leitet. Links zeichnet sich die scharfe Kante des Livanos-Pfeilers ab. Rechts steht die große Mauer.

31 Tomaselli- und Veronesi-Klettersteig

32 Vorbei an Kriegsspuren auf die Südliche Fanis-Spitze

Die Südliche Fanis-Spitze im Zentrum des einst so heiß umkämpften Gebietes bietet zwei interessante Anstiege.

Der Tomaselli-Klettersteig, der 1969 eingeweiht wurde, führt mitten durch einen Schauplatz aus dem ersten Weltkrieg. Neben den neuen Drahtseilversicherungen hängen alte, teilweise vermoderte Holzleitern, Stollen führen durch Felsmauern und von oben kann man ganz deutlich die verfallenden Laufgräben erkennen.

Wer dem schwierigen und sehr ausgesetzten Tomaselli-Steig nicht gewachsen ist, kann den Gipfel — den ersten Teil des Anstieges rechts, den zweiten links durch das Stollenloch umgehend — viel leichter erreichen oder den Veronesi-Steig begehen.

Gipfel/Höhe: Südliche Fanis-Spitze, 2989 m.
Höchste Höhe: 2989 m.
Jahreszeit: Mitte Juni bis Ende September.
Ausgangsort: Falzarego-Paß, 2105 m.
Stützpunkte: Hotels am Falzarego-Paß; Berghaus am Kleinen Lagazuoi; Scotoni-Hütte.
Zugang: Mit der Seilbahn vom Falzarego-Paß auf den Kleinen Lagazuoi, 2728 m, und über die Travenanzes-Scharte bis zur großen Fanis-Scharte.
Einstieg: Durch eine Kriegsgalerie zur Biwakschachtel »Gianni della Chiesa« und über das Schuttkar zum Wandfuß.
Markierung: Drahtseile, Steigspuren.
Höhenunterschiede/Gehzeiten: Seilbahnstation—Biwakschachtel: ➔ 1¼ Std. Biwakschachtel—Gipfel: ↑ 360 m, 2 Std. Abstieg bis zur Biwakschachtel: ↓ 1½ Std.
Zeitdauer: Tagestour.
Abstieg: Über den drahtseilversicherten Normalweg oder zur Scotoni-Hütte.
Schwierigkeit: Da der Aufstieg trotz großer Steilheit und oft ganz kleiner abschüssiger Griffe und Tritte nur mit einem dünnen Führungsseil versichert ist, darf er nur gewandten Kletterern empfohlen werden.
Endpunkt: Falzarego-Paß.
Kombinationsmöglichkeiten: Mit dem Felstunnel am Kleinen Lagazuoi oder dem Abstieg zur Scotoni-Hütte (Veronesi-Steig).
Vorschlag: ↑ Tomaselli-Klettersteig ↓ Normalweg bis zum Fanis-Sattel, dann über Bänder zum Stollenloch (Lampe) und weiter (Alta Via Fanis = Veronesi-Steig) über das Band westwärts auf die Cima Scotoni ↓ Scotoni-Hütte (1¾ Std.)
Führer/Literatur: Frass, Die schönsten Klettersteige der Dolomiten. Langes, Dolomiten-Kletteführer II b.

Hier am Tomaselli-Steig erleichtert ein zweites Drahtseil die Selbstsicherung.

33 Kleiner Lagazuoi-Felstunnel

Abstieg durch Kavernen und alte Stellungen

Die Cengia Martini sowie der Felstunnel in der Südflanke des Kleinen Lagazuoi, die im ersten Weltkrieg Berühmtheit erlangten, sind heute zu einem interessanten, wenn auch kurzen Klettersteig ausgebaut worden.

Der 1100 m lange Tunnel, im Jahre 1917 von italienischen Soldaten in sechs Monaten währender Arbeit in den Fels gebohrt — ist teilweise schlüpfrig, nicht selten vereist, und sehr steil. Man begeht die Route besser und wie heute üblich im Abstieg.

Da man sich im Tunnel großteils völlig im Dunkeln bewegt, ist eine Taschenlampe das wichtigste technische Hilfsmittel. Der schmierigen Drahtseile wegen sind Lederhandschuhe zu empfehlen.

Die Überreste aus dem ersten Weltkrieg sowie die Ausblicke aus den Stollenfenstern erhöhen die Spannung.

Gipfel/Höhe: Kleiner Lagazuoi, 2778 m.
Höchste Höhe: 2778 m.
Jahreszeit: Juni bis September.
Ausgangsort: Falzarego-Paß, 2105 m.
Stützpunkt: Hotels am Falzarego-Paß, Schutzhaus am Kleinen Lagazuoi.
Zugang: Bei der Bergstation der Seilbahn auf den Kleinen Lagazuoi der Hinweistafel (»Galleria«) folgen.
Einstieg: Ein drahtseilversicherter Steig führt durch die Südseite und leitet nach 10 Minuten in den Stollen.
Markierung: Weiß-rote Markierungen, Drahtseile, Stollen.
Höhenunterschiede/Gehzeiten: Seilbahnstation—Falzarego-Paß: ↓ 670 m, 1¼ Std. Falzarego-Paß—Kleiner Lagazuoi: ↑ 670 m, 2 Std.
Zeitdauer: Halbtagestour.
Aufstieg: Per Seilbahn oder zu Fuß über die Travenanzes-Scharte.
Schwierigkeit: Der steile Stollen ist in seiner ganzen Länge drahtseilversichert; Vorsicht bei Vereisung.
Endpunkt: Falzarego-Paß.
Kombinationsmöglichkeiten: Mit den Klettersteigen an der Südlichen Fanis-Spitze.
Vorschlag: ↑ Tomaselli-Klettersteig ↓ Normalführe bis zur Bergstation ↓ Felstunnel zum Falzarego-Paß.
Führer/Literatur: Frass, Die schönsten Klettersteige der Dolomiten. Schaumann, Führer zu den Kriegsschauplätzen.

Ich habe die Bergsteiger an den Klettersteigen so fotografiert, wie sie heute unterwegs sind: in Bundhosen oder Blue jeans, mit Helm oder Hut.

Abstieg zum Felstunnel am Kleinen Lagazuoi. Unten die Cinque Torri, im Hintergrund der Monte Pelmo, links die Croda-da-Lago-Gruppe von Westen.

34 Tofana di Rozes, Lipella-Klettersteig

Die Überschreitung der Vorderen Tofana

Die Tofana di Rozes ist — obwohl die kleinste unter den drei Schwestern — die eindrucksvollste Felsgestalt im Tofana-Massiv und einer der profiliertesten Dolomiten-Gipfel überhaupt.
Der versicherte Klettersteig, der seit 1967 durch die gebänderte und doch steile Nordwestflanke führt, ist für jeden Liebhaber von Klettersteigen ein besonderer Genuß. 1400 m Drahtseil machen einen Aufstieg in einer großartigen Felslandschaft mit vielen interessanten Stellen möglich. Da am Felsgebilde der »Tre Dita« (»Drei Finger«) — auf halbem Weg etwa — ein Ausweichen auf den Normalweg oder für den Fall eines Wettersturzes der direkte Abstieg zum Rifugio Giussani möglich sind, ist dieser Ausflug doppelt zu empfehlen. Interessant ist auch der Kriegsstollen am Beginn.

Gipfel/Höhe: Tofana di Rozes, 3225 m.
Höchste Höhe 3225 m.
Jahreszeit: Juli bis September.
Ausgangsort: Cortina d'Ampezzo oder Falzarego-Paß.
Stützpunkt: Dibona-Hütte (2083 m), von der Falzaregostraße her Zufahrtsmöglichkeit; Giussani-Hütte.
Zugang: Auf markiertem Weg Nr. 404 westlich, entlang dem Südsockel, bis zum Stolleneinschlupf (Taschenlampe).
Einstieg: Hinweistafel am Stolleneingang.
Markierung: Drahtseile, rote Punkte, Steigspuren.
Höhenunterschiede/Gehzeiten: Dibona-Hütte—Einstieg: →, 1 Std. Einstieg—Tre Dita: ↑ 300 m, 2 Std. Tre Dita—Gipfel: ↑ 500 m, 1½ Std. Abstieg über den Normalweg: ↓ 2½ Std.
Zeitdauer: Tagestour.
Schwierigkeit: Anspruchsvolle, lange und ausgesetzte Steiganlage.
Abstieg: Über den Normalweg zur Giussani-Hütte.
Endpunkt: Rifugio Dibona.
Kombinationsmöglichkeiten: Mit den Klettersteigen in der Fanisgruppe; Varianten sind am Einstieg und oberhalb der Tre Dita möglich.
Vorschlag: Von der Fanisgruppe kommend ist der Aufstieg aus dem obersten Travenanzestal zum Castelletto und weiter zu den Tre Dita mit Abstieg über die Scala del Meneghel möglich.
Führer/Literatur: Frass, Die schönsten Klettersteige der Dolomiten. Langes, Dolomiten-Kletterführer.

Die »via Giovanni Lipella« ist lang und sehr abwechslungsreich.

Ausblick von diesem großzügig angelegten Klettersteig an der Tofana di Rozes zur Südlichen Fanis-Spitze und dem Fanis-Turm.

35 36 37 Olivieri-, Tofana-di-Mezzo- und Astaldi-Steig

Ein Netz von Klettersteigen an der Mittleren Tofana

Der höchste der drei Tofana-Gipfel, die Tofana di Mezzo, ist von Cortina aus über eine Seilbahn, die »Freccia nel cielo« (was soviel wie Himmelspfeil bedeutet), für jedermann erreichbar. Trotz dieser Seilbahn, die uns Bergsteiger eher mißtrauisch stimmt, ist die Tofana di Mezzo ein interessanter Berg geblieben. Seine »ferrate« sind faszinierende Felsgänge; sie erfordern Ausdauer und Orientierungsvermögen, bieten bei einer hervorragenden Anlage verschieden schwierige, bestens versicherte Ausweichmöglichkeiten und bei gutem Wetter eine Rundsicht vom Großglockner bis zum Ortler, von der Marmolata bis zum Antelao.
Von der Seilbahnstation Ra Valles bis zum Gipfel gibt es eine Kette von Steiganlagen.

Gipfel/Höhe: Tofana di Mezzo, 3243 m.
Höchste Höhe: 3243 m.
Jahreszeit: Juli bis September.
Ausgangsort: Cortina d'Ampezzo, Pocol oder Falzarego-Paß.
Stützpunkt: Rifugio Dibona (2083 m) und weiter zum Rifugio Pomédes (2303 m), Sessellift. Oder besser bei der Seilbahnstation Ra Valles.
Zugang: Von der Pomédes-Hütte steil aufwärts zu den Felsen am Fuße der Punta Anna. (Bis hierher Olivieri-Steig von Ra Valles.)
Einstieg: Drahtseile zeigen den Weg, zwei verschieden schwierige Möglichkeiten.
Markierung: Drahtseile, gemeißelte Tritte, Stufen, Leitern.
Höhenunterschiede/Gehzeiten: Ra Valles—Rifugio Pomédes: 1 Std. Rifugio Pomédes—Punta Anna: ↑ 430 m, 1½ Std. Punta Anna—Gipfel: ↑ 550 m, 2 Std. Abstieg bis Rif. Pomédes: ↓ 3½ Std.
Zeitdauer: Tagestour.
Abstieg: Über den Klettersteig, das Vallon-Kar und die »via ferrata Astaldi« zur Pomédes-Hütte; Ausweichmöglichkeit am »Bus di Tofana«.
Schwierigkeit: Dieser technisch schwierige und ausgesetzte Aufstieg ist verwickelt und lang. Häufige Vereisung.
Endpunkt: Rifugio Pomédes oder Rifugio Dibona.
Kombinationsmöglichkeiten: Tofana di Rozes.
Vorschlag: Je nach Können und Besetzung der Aufstiege sollten sich die Bergsteiger auf die mehr oder weniger schwierigen Teilstrecken und Varianten aufteilen; alles in allem sind oft zwei völlig getrennte Routen möglich.
Führer/Literatur: Frass, Die schönsten Klettersteige der Dolomiten. Langes, Dolomiten-Kletterführer.

Die drei Tofanen vom Monte Cristallo aus gesehen. Links im Hintergrund die Marmolata.

Wege des Friedens

Geschichte kann man nur an Schauplätzen verstehen.

Die militärischen Steiganlagen aus dem ersten Weltkrieg (1915—1918), die seinerzeit als Frontpfade und Nachschubwege angelegt worden waren, sollen jetzt zu einem Netz von Höhenwegen ausgebaut und teilweise neu versichert werden. Oberstleutnant Walther Schaumann, Initiator und Seele dieser »Friedenswege längs der alten Dolomitenfront«, beabsichtigt innerhalb von fünf Jahren und mit Hilfe von Freiwilligen aus aller Welt die Wiederinstandsetzung der alten Frontwege. Im Raum von Cortina d'Ampezzo sind die ersten Teilabschnitte schon fertiggestellt (z. B. Kleine Fanes-Alm —Monte Vallon Bianco, Fanes-Höhenweg, Via dei Volontari, Cengia Martini) und für die »extremen« Bergwanderer freigegeben worden. Schaumann, ein Kenner des Dolomitenkrieges, ist weiterhin bemüht, dieses hochalpine Wegnetz in den Ampezzaner Dolomiten — zwischen 2000 m und 3000 m Meereshöhe — nach historischen Gesichtspunkten, ohne wesentlichen Eingriff in das Landschaftsbild, fertigzustellen.
Führer/Literatur: Schaumann, Führer zu den Schauplätzen des Dolomitenkrieges.

VII

Die Ampezzaner Dolomiten

Die Ampezzaner Dolomiten bauen sich aus mehreren gewaltigen Stöcken auf, von denen ich mich hier lediglich auf die Gruppen mit Klettersteigen beschränke: Der Sorapiss steht als mächtiges Massiv im Südosten, die Gruppe des Pomagagnon mit der Punta Fiames, eigentlich ein Seitenzug der Cristallogruppe, steht unmittelbar über dem weiten Talkessel von Cortina d'Ampezzo. Der Monte Cristallo selbst, einer der markantesten Gipfel, der Östlichen Dolomiten, der mit seinen zerrissenen Seitenkämmen von allen Blickpunkten aus eindrucksvoll wirkt, steht im Nordosten von Cortina. Und schließlich die zierliche Cadingruppe, zwischen den berühmten Drei Zinnen und dem Monte Cristallo gelegen, etwas versteckt zwar, aber von unberührter Wildheit.
Verkehrsverbindungen: Der günstigste Ausgangsort für alle drei Klettersteige ist Cortina d'Ampezzo, der Mittelpunkt der Östlichen Dolomiten, über Toblach im Pustertal und die Große Dolomitenstraße zu errreichen (auch Busverbindungen). Das dichte Straßennetz — ein Ring um den Monte Cristallo, die Straße zur Auronzo-Hütte am Südfuß der Drei Zinnen gelegen und die Straße nach Schluderbach — ermöglicht mehrere Zufahrten und Zugangsmöglichkeiten zu den jeweiligen Steiganlagen.
Tip: Die Klettersteige am Cristallo und in der Cadingruppe werden noch wenig begangen, die »via ferrata Strobel« ist im Frühling und Herbst zu empfehlen.

Ausblick vom Innerkofler-Steig am Paternkofel zu den Drei Zinnen.

Bei Regen und Nässe sind die Drahtseile schlüpfrig.

Regen

Es hatte eben erst zu regnen aufgehört. Wir krochen aus der Höhle, in der wir Unterschlupf gefunden hatten, stopften Pullover und Anorak wieder in den Rucksack und gingen weiter. Die Luft war köstlich, als ob der Regen sie gewaschen hätte; sie atmete sich leicht, so daß man sie unwillkürlich tiefer einsog.
Für wenige Augenblicke ahnte man die Sonne hinter den Wolken und die Berggestalten ringsum schienen jetzt jede aus Bildern abgeleitete Vorstellung zu übertreffen.
Als der Regen wenig später wieder einsetzte, zog ich das Hemd aus und ging etwas schneller, so daß mein Körper dampfte, als ich in die Hütte trat.

38 39 40 Sorapiss-Umrundung

Drei hochalpine Klettersteige um einen mächtigen Dreitausender

In einer durchschnittlichen Höhe von 2600 m führt eine Folge von Klettersteigen um den Stock des Sorapiss, die ob der kühnen Anlage und der einzigartigen Nah- und Tiefblicke viele Liebhaber unter den besten Klettersteige-Gehern finden wird. Die drei hier beschriebenen Steiganlagen (via ferrata »Francesco Berti« Nr. 38, »Carlo Minazio« Nr. 39, »A. Vandelli« Nr. 40), die auf die Initiative der Berti-Stiftung zurückgehen, sind zwar vorläufig noch spärlich versichert, erlauben aber eine in sich geschlossene Umrundung dieses dreigipfeligen Dolomiten-Dreitausenders; eine hochalpine Tour in einer sich dauernd verändernden Kulisse. Die drei Klettersteige ergeben als Ganzes eine großartige Sorapiss-Umrundung.

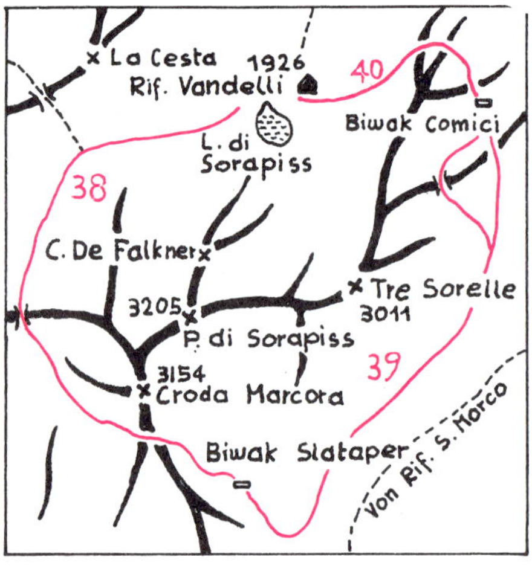

Gipfel/Höhe: Evtl. Sorapiss-Gipfel, 3205 m.
Höchste Höhe: Ca. 2700 m.
Jahreszeit: Anfang Juli bis September.
Ausgangsort: Cortina d'Ampezzo, Tre-Croci-Paß, 1805 m.
Stützpunkte: Rifugio Vandelli, 1926 m, auf der Nordseite; Rifugio S. Marco, 1823 m, am Südabhang; zudem die Biwakschachtel Slataper, 2600 m, im Süden und das Bivacco Comici, 2000 m, an der Ostseite.
Zugang: Vom Rifugio Vandelli auf dem Steig 215 zur »Tonde de Sorapiss« und links weiter in Richtung »Cengia del Banco«.
Einstieg: Über ein Schotterfeld (oberhalb der Bronzetafel »F. Berti«) zur »Cengia del Banco«.
Markierung: Steigspuren, Versicherungen, rote Farbflecken. Vorsicht geboten.
Höhenunterschiede/Gehzeiten: Rif. Vandelli—Bivacco Slataper: ↑ → 5 Std., Bivacco Slataper—Bivacco Comici: → 3—3½ Std., Bivacco Comici—Vandelli-Hütte: ↑ → 3 Std.
Abstieg: Bei der hier beschriebenen Rundtour kommt man zur Vandelli-Hütte zurück.
Zeitdauer: Ein- bis Zweitagestour; auch Teilstücke (z. B. Klettersteig »F. Berti« hin und zurück oder Klettersteig »A. Vandelli«) als Hüttentour sind möglich.
Schwierigkeit: Die Steige sind teilweise sehr ausgesetzt, anstrengend und nicht immer leicht zu finden.
Endpunkt: Tre-Croci-Paß.
Vorschlag: Mehrtagestour in der hier beschriebenen Reihenfolge mit Nächtigung in den Biwakschachteln und Gipfelbesteigungen.
Führer/Literatur: Frass, Die schönsten Klettersteige der Dolomiten.

Cadin-Spitzen und Sorapiss.

41 Ettore-Bovero-Klettersteig

Kühner Turm über den Wäldern im Nordwesten von Ampezzo

Der Col Rosa am Nordausgang des Talkessels von Ampezzo ist trotz seiner geringen Höhe eine markante Gestalt. Sein knapp über der Waldgrenze gelegener Gipfel bietet eine umfassende Rundsicht auf viele berühmte Felsstöcke der östlichen Dolomiten. Der 1965 erbaute Klettersteig an der Südwestkante des Berges stellt eine reizvolle Alternative zum eher langweiligen Normalaufstieg dar und eröffnet die Möglichkeit der Überschreitung. Besonders eindrucksvoll sind der Tiefblick vom Gipfel auf Cortina d'Ampezzo, die Ausblicke zum Sorapiss und zum M. Antelao im Südosten.

Gipfel/Höhe: Col Rosa, 2166 m.
Höchste Höhe: 2166 m.
Jahreszeit: Juni bis Oktober.
Ausgangsort: Campingplatz »Olympia« an der Staatsstraße nördlich von Cortina.
Stützpunkt: Camping »Olympia« und Unterkünfte in Cortina.
Zugang: Vom Camping »Olympia« über den breiten Fahrweg (für Privatwagen gesperrt) durch den Wald nach Pian de la Spines (ca. 1 km), dann links ab auf dem Weg Nr. 408 zum Passo Posporcora.
Einstieg: Vom Passo Posporcora nach rechts auf den felsigen Latschenhügel und zum Wandfuß.
Markierung: Drahtseile, Eisenklammern, Steigspuren.
Höhenunterschiede/Gehzeiten: Camping »Olympia«—Passo Posporcora: ↑ 1½ Std. Passo Posporcora—Gipfel: ↑ 1 Std. Gipfel—Campingplatz: ↓ 1½ Std.
Abstieg: An der Nordseite auf dem Normalweg durch dichten Latschen- und Alpenrosenwuchs zum Talboden und Ausgangspunkt.
Zeitdauer: Halbtagestour, 4—5 Stunden.
Schwierigkeit: Der Steig ist nicht sehr lang, verlangt aber absolute Schwindelfreiheit.
Endpunkt: Camping »Olympia«.
Kombinationsmöglichkeiten: Mit den Klettersteigen rund um den Ampezzaner Talkessel.
Vorschlag: Eingehtour für weitere Unternehmungen in diesem Gebiet; wegen der geringen Höhe außerhalb der Klettersaison meist begehbar.
Führer/Literatur: Langes, Dolomiten-Kletterführer.

Ausblick aus dem Bovero-Steig nach Cortina. Im Hintergrund Sorapiss und halb verdeckt der Antelao.

42 Punta Fiames und Pomagagnon

43 Der »Strobel-Weg« und die »Diagonale« über Cortina d'Ampezzo

Die Punta Fiames, ein beliebter Kletterberg unmittelbar über den Lärchenwäldern nördlich von Cortina d'Ampezzo, ist niedrig im Verhältnis zu den berühmten Dreitausendern der Ampezzaner Dolomiten. Die Tatsache aber, daß der neue Klettersteig — die Cortineser Bergführer haben ihn in Erinnerung an ihren großen Könner »via ferrata Albino Michielli-Strobel« getauft — wegen seiner günstigen Lage als erster und letzter im Jahr begangen werden kann, hat ihn beliebt gemacht.

Ein zweiter Klettersteig führt über das 5. Band durch die Südwand des Pomagagnon.

Im späten Herbst, wenn die Lärchen gelb werden, Cristallo und Tofanen verschneit sind, versprechen diese beiden gesicherten Wege oft einen würdigen Kletterausklang.

Gipfel/Höhe: Punta Fiames, 2240 m; Pomagagnon, Costa del Bartoldo, 2428 m.
Jahreszeit: Juni bis Oktober.
Ausgangsort: Cortina d'Ampezzo, 1210 m.
Stützpunkt: Hotels in Cortina.
Zugang: Von Cortina d'Ampezzo etwa 4 km auf der Staatsstraße in Richtung Toblach und bei der früheren Haltestelle Fiames (Wegtafel) zu den Felsen aufsteigen.
Einstieg: Bronzetafel am Felsenansatz der Punta Fiames; Drahtseile am Beginn des 5. Bandes.
Markierung: Steigspuren, Drahtseile, Markierungsflecken.
Höhenunterschiede/Gehzeiten: Station Fiames—Einstieg: ↑ 300 m, 1 Std. Einstieg—Gipfel: ↑ 600 m, 2 Std. Gipfel —Cortina: ↓ 1000 m, $2^{1}/_{4}$ Std. Für die Diagonale rechnet man 3 Std. mit Zustieg.
Zeitdauer: Tagestour.
Abstieg: Über die Forcella Pomagagnon nach Cortina. Über die Diagonale steigt man am besten wieder ab.
Schwierigkeit: Der Strobel-Steig ist bis auf das senkrechte Mittelstück nicht schwierig, aber ausgesetzt und grasig. Die Diagonale ist nur teilweise versichert, 2 Stellen.
Endpunkt: Cortina d'Ampezzo, 1210 m.
Kombinationsmöglichkeiten: Mit den Klettersteigen am Monte Cristallo.
Vorschlag: Bei einem längeren Aufenthalt in den Ampezzaner Dolomiten empfiehlt sich die »via ferrata Michielli-Strobel« als Eingehtour, dasselbe gilt für die »Diagonale« an der Südseite des Pomagagnon.
Führer/Literatur: Frass, Die schönsten Klettersteige der Dolomiten. Langes, Dolomiten-Kletterführer.

Aufstieg am Strobel-Steig mit Blick zum Seekofel, Pragser Dolomiten.

44 45 46 Drei gesicherte Steige am Monte Cristallo

Die Klettersteige »Ivano Dibona«, »Marino Bianchi« und »René de Pol«

Der Monte Cristallo ist mit seinen vielen Gesichtern die beherrschende Berggestalt in den Ampezzaner Dolomiten. Die Klettersteige »Ivano Dibona«, »Marino Bianchi« und »René de Pol« erlauben nun auch dem tüchtigen Bergwanderer eine Mittelgipfelbesteigung sowie eine Überschreitung des westlichen Cristallo-Kammes mit einzigartigen Ausblicken, vorbei an vielen Stellungen aus dem ersten Weltkrieg. Auf Grund der großen Höhe und der Tatsache, daß der Cristallo-Stock raschen Wetterstürzen ausgesetzt ist, kann er allerdings nur in den beiden Hochsommermonaten Juli und August empfohlen werden. Aber auch bei gutem Wetter darf die hochalpine Ausrüstung nicht vergessen werden.

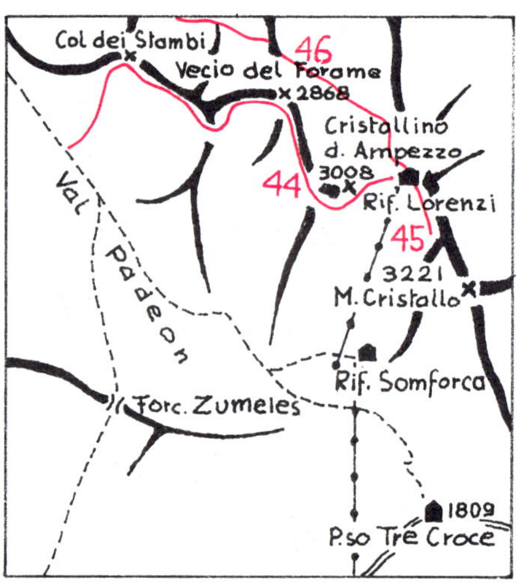

Gipfel/Höhe: Evtl. Cristallo-Mittelgipfel, 3163 m (Bianchi-Steig).
Höchste Höhe: Ca. 3030 m.
Jahreszeit: Juli bis Mitte September.
Ausgangsort: Misurina oder Cortina d'Ampezzo.
Stützpunkt: Schutzhaus »Guido Lorenzi«, 2932 m.
Zugang: Mit dem Liftsystem von Rio Geres — 5 km südlich des Tre-Croci-Passes — bis in die Forcella Stauniés, 2918 m.
Einstieg: Über Eisentreppen an der Liftstation (Metalltafel) zum »Dibona«-Weg und »René-de-Pol«-Steig.
Markierung: Drahtseile, Eisenleitern, Hinweisschilder, Markierungsflecken (rot).
Höhenunterschiede/Gehzeiten: Forcella Stauniés—Ospitale: ↑ ↓ ca. 1500 m, 5 Std. Forcella Stauniés—Cristallo-Mittelgipfel (Bianchi-Steig), ↑ 250 m, 1¼ Std.
Zeitdauer: Tagestour; für 2 der 3 Klettersteige besser 1½ Tage.
Abstieg: Über den »Dibona«-Klettersteig oder den »René-de-Pol«-Steig.
Schwierigkeit: Die gut versicherten Steiganlagen verlangen sehr große Ausdauer und Trittsicherheit.
Endpunkt: Ospitale, Cortina d'Ampezzo.
Kombinationsmöglichkeiten: Mit dem neuen Klettersteig »Marino Bianchi« auf den Cristallo-Mittelgipfel.
Vorschlag: Aufstieg von der Forcella Stauniés zum Cristallo-Mittelgipfel, Abstieg in die Scharte, weiterer Abstieg über den Dibona-Weg oder die »via ferrata René de Pol« Richtung Cortina.
Führer/Literatur: Frass, Die schönsten Klettersteige der Dolomiten. Langes, Dolomiten-Kletterführer.

Bei vereisten Klettersteigen oder — wie hier am Monte Cristallo — im Herbst, empfiehlt es sich, einen kurzen Pickel mitzunehmen.

47 Cadin-Spitzen, Ferrata Merlone

Eisenleitern über der Fonda-Savio-Hütte

Die Cadin-Spitzen, im Süden der Drei Zinnen gelegen, sind neben ihren berühmten Nachbargruppen etwas in Vergessenheit geraten. Diese bizarren Türme bieten aber nicht nur dem Kletterer ungezählte Möglichkeiten, vor allem der Wanderer erlebt in ihnen interessante Ausblicke, Wegstücke von einmaligem Reiz zwischen den vielen ineinander verschobenen Nadeln.

Seit 1966 führt mit der »via ferrata Merlone« eine versicherte Steiganlage auf die nordöstliche Cadin-Spitze, wodurch auch für die Liebhaber von Klettersteigen ein reizvolles Ziel geschaffen wurde.

Der mittlere Teil des Aufstieges ist sehr ausgesetzt, aber so gut versichert, daß auch ein Anfänger, vorausgesetzt er ist schwindelfrei, keinerlei Schwierigkeiten vorfindet.

Gipfel/Höhe: Nordöstliche Cadin-Spitze, 2790 m.

Höchste Höhe: 2790 m.

Jahreszeit: Juni bis September.

Ausgangsort: Misurina, Pian degli Spiriti (1900 m).

Stützpunkt: Fonda-Savio-Hütte, 2367 m.

Zugang: Über ein grobes Kar in südliche Richtung aufwärts bis zum Einstieg.

Einstieg: Ein Drahtseil und eine Metalltafel markieren den Einstieg.

Markierung: Rote Punkte, Drahtseile, orangefarbene Eisenleitern.

Höhenunterschiede/Gehzeiten: Pian degli Spiriti—Fonda-Savio-Hütte: ↑ 450 m, 1 Std. Fonda-Savio-Hütte—Einstieg: ↑ 150 m, ½ Std. Einstieg—Gipfel: ↑ 250 m, 1 Std. Bonacossa-Weg als Rückmarsch: → 2½ Std.

Abstieg: Wie Aufstieg oder Bonacossa-Weg.

Zeitdauer: Tagestour.

Schwierigkeit: Dank der fast übertriebenen Versicherungen ist der Aufstieg trotz der großen Steilheit leicht.

Endpunkt: Pian degli Spiriti oberhalb des Misurina-Sees.

Kombinationsmöglichkeiten: Mit dem teilweise versicherten Bonacossa-Weg.

Vorschlag: Aufstieg von Pian degli Spiriti bis zum Gipfel, Abstieg über den Klettersteig zur Fonda-Savio-Hütte, Rückmarsch zum Parkplatz über den Bonacossa-Weg.

Führer/Literatur: Frass, Die schönsten Klettersteige der Dolomiten. Langes, Dolomiten-Kletterführer.

Die Versicherungsanlagen hier in der Cadingruppe sind übertrieben. — Hinten die Drei Zinnen von Süden. Das weiße Hemd ist an sehr heißen Tagen deshalb von Vorteil, weil es die Sonnenwärme reflektiert. Wetterfeste Ausrüstung sollte trotzdem im Rucksack sein.

Die Kunst der Betrachtung

> Der Wanderer zieht einen Teil seiner Ruhe aus den eigenen Bewegungen.

In der Sonne der Hochfläche, im Schatten der Zinnen, auf zahlreichen Wanderwegen verbrachten wir unsere Sommerferien. Die Schule war aus, das Leben vergessen. Die Höhensonne bräunte unsere Schultern, Licht floß in unsere Augen und die Ohren vernahmen den leisesten Vogelgesang. Wir unternahmen ausgedehnte Bergtouren, versenkten uns einmal in eine Felsgestalt, dann in einen kleinen See zwischen den Steinen, später in die Wolken, die der Wind wie Vorhänge hinter dem Horizont emporgezogen hatte.
Schon liebten wir es, wortlos hintereinander herzuwandern, Schritt für Schritt, ohne an den Bewegungsablauf denken zu müssen, die Umgebung in uns einzuatmen, sie von innen heraus zu sehen. Wir übten uns in der Kunst der Betrachtung, ohne dies zu wollen, ohne es zu wünschen... ohne zu wissen, ob es Zeit gäbe.
Ich weiß nicht, ob wir nicht weiser geblieben wären, hätte die Schule nie mehr angefangen, wären diese Ferien nie zu Ende gegangen.

VIII

Die Sextener Dolomiten

Die Sextener, wohl die bedeutendste Gruppe der nordöstlichen Dolomiten, liegen zwischen dem berühmten Fremdenverkehrstal Sexten, dem Kreuzberg-Joch und dem Höhlensteintal. Diese stark zersplitterte Gruppe gliedert sich in fünf Teile, von denen für den Begeher von Klettersteigen die Gruppe des Zwölfers und die des Elfers von besonderem Interesse sind. — Der Hauptstock des Zwölfers, der sich hoch überm Fischleintal erhebt, zählt zu den eindrucksvollsten Gruppen der Dolomiten. Die sich östlich des Giralba-Jochs anschließende Elfergruppe ist zwar weitaus mächtiger, auf Grund der starken Gliederung aber bietet sich dem Bergsteiger hier ein Gewirr von Türmen und Karen, von kahlen Geröllterrassen und wilden Eisschluchten — ein hochalpines Wandergebiet.
Verkehrsverbindungen: Von Innichen, im hintersten Pustertal gelegen, zweigt die Straße nach Sexten und Moos ab (Busverbindungen), den Ausgangsorten für die zahlreichen Wanderungen in diesem Gebiet. Durch die Übergangsstraße am Kreuzberg-Paß, die Schotterstraße ins Fischleintal und den Sessellift zu den Rotwand-Wiesen sind Zufahrten zu den Ausgangspunkten der Klettersteige gegeben, die mehrere Kombinationen zulassen. Es soll jedem einzelnen Bergsteiger überlassen bleiben, nach Lust und Fahrtmöglichkeiten zu planen.
Tip: Der sehr häufig begangene Alpini-Weg hat im Roghel-Steig sein einsames Gegenstück. Neue Klettersteige weiter südlich!

Wanderung in den Sextener Dolomiten.

Die Drei Zinnen von Norden.

Innere Bereitschaft

Die viele ungenützte Freizeit ängstigt mich.
Menschen nämlich, die nichts mit Begeisterung tun, sind gefährlich.
Ich möchte diesen Müßigen das Abenteuer nahebringen, kann ihnen aber nicht verständlich machen, daß es die innere Bereitschaft ist — nicht eine Todesverachtung, die Beziehung zum Berg — nicht die Schwierigkeitsgrade, die mühsame Schutthalden, steile Felswände und das harte Matratzenlager schön erscheinen lassen, die eine lange Rast zur Erholung machen.

48 49 50 Roghel-Steig, Gabriella-Band u. Mazzetta-Steig

Über Bänder und Leitern um die Elfergruppe

Die beiden Klettersteige in den südlichen Sextener Dolomiten — Roghel-Steig und Gabriella-Band — gehören zusammen und bieten dem hochalpinen Bergwanderer eine Tour mit einmaligen Ausblicken und attraktiven Kletterstellen. Die Steige folgen großteils einer Serie von Rinnen, Felsbändern und Scharten. Die lange Tour ist durch das häufige Auf und Ab anstrengend, aber niemals langweilig. Im Gegenteil: sie erschließt das Gebiet um die Hochbrunnerschneide, das bis heute dem Durchschnittsbergsteiger unzugänglich war.

Der neue Klettersteig »Carlo Mazzetta« von der Forcella Tacco über das Bivacco Gera zum Rif. Berti verkürzt den Zugang von Padola aus.

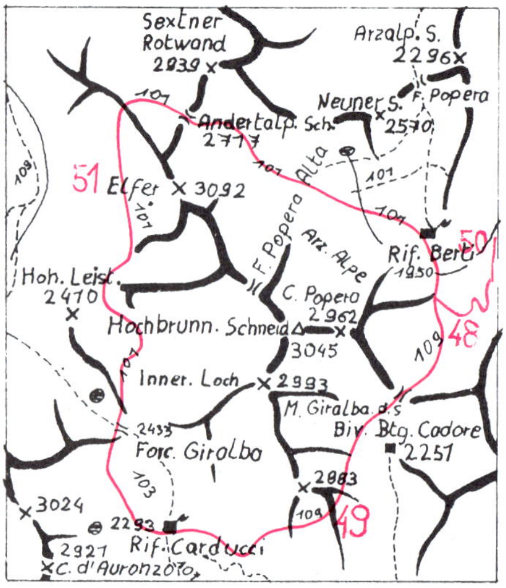

Gipfel/Höhe: —
Höchste Höhe: 2565 m.
Jahreszeit: Juni bis Ende September.
Ausgangsort: Comelicotal, Sexten oder Kreuzberg-Paß.
Stützpunkt: Berti-Hütte, 1950 m, Biv. Cadore, Carducci-Hütte (2297 m).
Zugang: Über den der Hütte gegenüberliegenden Hang (Rasenflecken, Schotter) in die Schlucht oder den Klettersteig »Carlo Mazzetta« von Padola aus.
Einstieg: Am Ende des Schottercouloirs linker Hand in die Felsen, Eisenleitern.
Markierung: Drahtseile, Eisenleitern, rote Markierungsflecke.
Höhenunterschiede/Gehzeiten: Berti-Hütte —Einstieg Roghel-Steig: ↑ 400 m, $1\frac{1}{4}$ Std. Einstieg—Biwakschachtel: ↑ → (direkt) 200 m, $1\frac{1}{2}$ Std. Biwakschachtel—Carducci-Hütte: → , 3 Std.
Zeitdauer: Tagestour.
Abstieg: Wird am besten mit dem Rückweg (2. Tag) verbunden; oder über das Giralba-Joch nach Sexten oder Auronzo.
Schwierigkeit: Schwindelfreiheit, absolute Trittsicherheit und viel Ausdauer sind Voraussetzung.
Endpunkt: Carducci-Hütte, 2297 m.
Kombinationsmöglichkeiten: Mit dem Alpini-Weg (manchmal nur teilweise begehbar).
Vorschlag: Die Runde um die Elfergruppe (Zweitagestour): ↑ Roghel-Steig → Gabriella-Band → Alpini-Weg — zählt zu den großartigsten Rundtouren in den Dolomiten.
Führer/Literatur: Frass, Die schönsten Klettersteige der Dolomiten.

Den Auftakt zum Roghel-Steig bildet eine Folge von Eisenleitern, die senkrecht in die Höhe führen, steiler als am Zacchi-Weg.

51 Alpini-Weg

Alte Kriegspfade hoch über Sexten

Der »Alpini-Weg«, ital. »Strada degli Alpini« — im ersten Weltkrieg von österreichischen (vom Giralba-Joch gegen Osten) und von italienischen (von der Sentinella-Scharte gegen Westen) Hochgebirgstruppen gelegt, später von der Sektion Padua des CAI zu einem Klettersteig ausgebaut — ist einer der beliebtesten Höhenwege in den Dolomiten.
Obwohl das letzte Teilstück zur Sentinella-Scharte wegen der häufigen Vereisung oft gefährlich und deshalb gesperrt ist, wird er Jahr für Jahr von einigen tausend Touristen begangen. Die landschaftlichen Aus- und Tiefblicke sowie die vielen Überreste aus den Kriegsjahren machen ihn in zweierlei Hinsicht interessant.
(Auf Grund seiner Berühmtheit oft überlaufen.)

Gipfel/Höhe: —
Höchste Höhe: Sentinella-Paß, 2717 m.
Jahreszeit: Juli bis Mitte September.
Ausgangsort: Sexten, oder Kombination mit Roghel-Steig. Auch das Comelicotal.
Stützpunkt: Carducci-Hütte oder Zsigmondy-Hütte, 2235 m, Berti-Hütte.
Zugang: Von der Carducci-Hütte über das Giralba-Joch; von der Zsigmondy-Hütte Nr. 103 folgen.
Einstieg: Tafel »Strada degli Alpini - Alpini-Steig« am Giralba-Joch.
Markierung: Nr. 101, Steig, Drahtseile.
Höhenunterschiede/Gehzeiten: Carducci-Hütte—Giralba-Joch: ↑ 150 m, 20 Minuten. Giralba-Joch—Sentinella-Paß: ↔, 3 Std. Abstieg zur Berti-Hütte: ↓ 770 m, $1\frac{1}{2}$ Std.
Zeitdauer: Tagestour.
Abstieg: Von der Sentinella-Scharte zur Berti-Hütte oder ins Fischleintal.
Schwierigkeit: Bei guten Verhältnissen ist der Alpini-Weg relativ leicht, Schwindelfreiheit ist jedoch Voraussetzung.
Endpunkt: Berti-Hütte, 1950 m.
Kombinationsmöglichkeiten: Als Fortsetzung der »Ferrata Roghel«—»Cengia Gabriella«.
Vorschlag: Von der Berti-Hütte über Roghel-Steig und Gabriella-Band zur Carducci-Hütte. Am nächsten Tag über den Alpini-Weg zurück zur Berti-Hütte.
Führer/Literatur: Frass, Die schönsten Klettersteige der Dolomiten. Hager, Bergwanderführer Dolomiten. Langes, Dolomiten-Kletterführer. Langes, Die Front in Fels und Eis.

Blick aus einem Unterstand (1916/18) in der Sentinella-Scharte auf die Elfergruppe in den Sextener Dolomiten.

52 Innerkofler-Steig

Stollen und Seile am Paternkofel

Der Paternkofel wird als Hausberg der Drei-Zinnen-Hütte sehr viel begangen und genießt den Ruf einer Aussichtswarte ersten Ranges. Ein empfehlenswerter Weg zum Gipfel ist der neue Innerkofler-Steig, der wenig oberhalb der Drei-Zinnen-Hütte beginnt. In einer Länge von einem halben Kilometer verläuft der Weg im Berginneren und ist sehr interessant.
Die beiden Varianten von der Gamsscharte aus dem Paternsattel beziehungsweise Büllele-Joch, die sich in erster Linie für den Abstieg anbieten, sind, da sie selbst Klettersteigecharakter haben, abwechslungsreiche Anstiege.
Für den 2. Stollen des Innerkofler-Steiges, den Hauptstollen, ist eine Stirnlampe erforderlich, da die Führe bei vollständiger Dunkelheit im Berg steil nach oben führt.

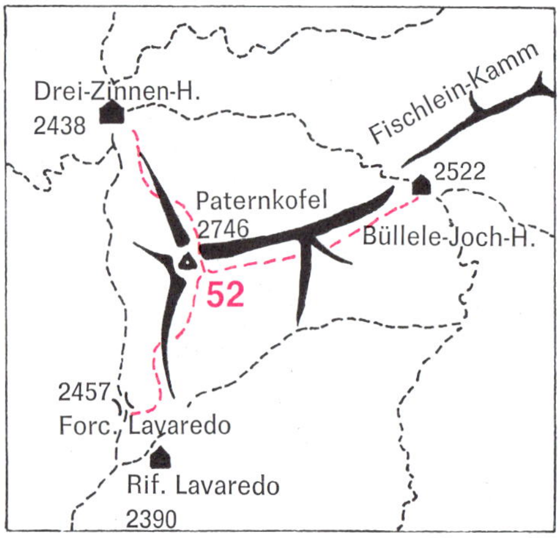

Gipfel/Höhe: Paternkofel, 2746 m.
Höchste Höhe: 2746 m.
Jahreszeit: Juni bis Oktober.
Ausgangsorte: Sexten oder der Paternsattel (Fahrstraße bis zur Auronzo-Hütte).
Stützpunkte: Drei-Zinnen-Hütte, 2450 m; Lavaredo-Hütte, 2300 m; Büllele-Joch-Hütte, 2532 m.
Zugang: Von der Drei-Zinnen-Hütte in südöstlicher Richtung unter dem »Frankfurter Würstel« vorbei zum ersten Stollen.
Einstieg: Durch den Tunneleingang (auf Höhe 2450 m ca.) anzutreffen.
Markierung: Stollen, Drahtseile, rote Farbmarkierungen. Ausstieg aus dem 2. Stollen in die Ostflanke auf Höhe 2560 m ca. beim 4. Seitenfenster auf der linken Seite.
Höhenunterschiede / Gehzeiten: Drei-Zinnen-Hütte—Gamsscharte ↑ ca. 200 m, 1½ Std. Gamsscharte—Gipfel Paternkofel: ↑ ca. 100 m, ½ Std.
Abstieg: Von der Gamsscharte aus: 1. Abstieg über die Schuttrinnen in südlicher Richtung und nach rechts zur Passportenscharte und zum Paternsattel, 1 Std.
2. In östlicher Richtung zum Büllele-Joch.
Zeitdauer: Halbtagestour.
Schwierigkeit: In der nordseitig gelegenen Schuttrinne unter der Gamsscharte können Schnee- und Eisreste vor allem im Frühsommer den Aufstieg in der Scharte ziemlich erschweren.
Endpunkt: Drei-Zinnen-Hütte oder Paternsattel.
Kombinationsmöglichkeiten: Anschluß an die Steige der Zwölfer- und Elfergruppe.
Vorschlag: Rundwanderung von der Drei-Zinnen-Hütte aus.
Führer/Literatur: Langes, Dolomiten-Kletterführer.

Im Stollen am Paternkofel.

53 Sextener Rotwand

Vorbei an Kriegsschauplätzen von 1914/18

Durch die wild zerrissene Nordwestflanke der Sextener Rotwand führt seit 1973 eine versicherte Steiganlage bis zum höchsten Punkt dieses im ersten Weltkrieg strategisch wichtigen Dolomiten-Gipfels. Fast überall trifft man beim Aufstieg auf die Überreste der schweren Hochgebirgskämpfe aus dieser Zeit.

Besonders in der Kombination mit dem Alpini-Weg vermittelt diese Bergtour einen Einblick in diesen ehemaligen Frontabschnitt.

Der Ausblick hinüber zur Dreischuster-Spitze, zum Einser, zu den Drei Zinnen und den Ampezzaner Dolomiten lenkt immer wieder von Stellungen, Stacheldraht und alten Weganlagen ab.

Gipfel/Höhe: Rotwand-Spitze, 2955 m.
Höchste Höhe: 2939 m.
Jahreszeit: Juni bis Ende September.
Ausgangsort: Bad Moos (1350 m) im Sextental.
Stützpunkt: Mehrere Hütten auf den Rotwand-Wiesen, ca. 2000 m.
Zugang: Von den Rotwand-Wiesen (per Gondellift von Moos aus zu erreichen) über den Steig Nr. 153 zum Burgstall, 2260 m.
Einstieg: Am Burgstall. Ein Steig und Drahtseile weisen den Weg.
Markierung: Drahtseile, rote Farbdreiecke.
Höhenunterschiede/Gehzeiten: Rotwand-Wiesen—Burgstall: ↑ 250 m, ½ Std. Burgstall—Gipfel: ↑ 700 m, 2½ Std.
Zeitdauer: Tagestour.
Abstieg: Über dieselbe Route.
Schwierigkeit: Der gut versicherte Steig verlangt Bergerfahrung und hochalpine Bekleidung.
Endpunkt: Bad Moos.
Kombinationsmöglichkeiten: Mit dem Alpini-Weg (nur im Hochsommer bei guten Verhältnissen).
Vorschlag: ↑ Klettersteig auf die Rotwand-Spitze ↓ → bis wenig unterhalb des Kriegerdenkmals, hier nach Süden (Steig auf Bändern) und ↑ zur Sentinella-Scharte. Weiter über den Alpini-Weg bis zur Zsigmondy-Hütte. Abstieg ins Fischleintal.
Führer/Literatur: Langes, Dolomiten-Kletterführer. Langes, Die Front in Fels und Eis.

Abstieg von der Sextener Rotwand, dem »Zehner« in der natürlichen Sextener Sonnenuhr. Auch mitten im Hochsommer kann es bis an die Waldgrenze herunterschneien.

Pelmo (oben) und Moiazza, die mächtigen Trabanten der Civetta.

Eine Civetta-Über-schreitung

Die Civetta ist reich an Felsformen. Da ist die riesige, mehrere Kilometer breite Mauer, die »Wand aller Wände«, da sind die behäbigen Türme links und die himmelstrebenden Pfeiler rechts der Hauptflucht.
Im Kessel von Vazzolér steht der breite Stock der Busazza und ganz vorne der »Turm aller Türme«, die feingezeichnete Torre Trieste. Links hebt sich königlich die Torre Venezia ab, dazwischen schiebt sich wie ein Schiffsbug die Cima Bancon vor.
Versteckt liegen im Pelsa-Kamm der Campanile Brabante, der oben breiter ist als unten, und die Guglia Rudatis, die wie eine Nadel nach oben strebt.
Alles ist ein harmonisches Ineinanderfließen, und jedes für sich allein wäre nichts; als Ganzes aber ist der Civetta-Stock ein harmonisches Massiv — ein vollkommener Berg. Auf einer Wiese zwischen einzelnen Lärchen, am Fuße der Torre Venezia, hatten wir unsere Zelte aufgeschlagen. Wir waren eine Gruppe von Schülern und planten jetzt, nach einigen ausgedehnten Wanderungen, die Überschreitung der Civetta von West nach Ost.
Es dämmerte, als wir unseren geliebten Lagerplatz verließen und hinunterstolperten zum Fuße der Torre Trieste. Zwischen Latschen und Felsen mühten wir uns — immer noch im Schatten — hinauf ins Van delle Sasse. Die Südostkante an der Torre Trieste stand schon seit einiger Zeit im hellen Morgenlicht und ich konnte mir nicht vorstellen wie diese riesige senkrechte Felssäule erklettert werden kann, so winzig kam ich mir vor. Günther und ich hatten damals schon relativ viel Erfahrung im Fels, wir sollten deshalb die anderen am Tissi-Steig sichern und die Route suchen.

Dabei wurden wir immer wieder abgelenkt vom mächtigen Stock der Moiazza, an dem jetzt — im Licht des frühen Vormittags — alle Bänder und Pfeiler deutlich sichtbar wurden.

Nur langsam kamen wir voran. Einerseits, weil die Klammern damals noch locker waren, andererseits weil wir uns im Freiklettern üben wollten, stiegen wir an den Griffen und Tritten, die im Fels vorhanden waren, und benutzten Drahtseile und Eisenstifte nur als Zwischensicherung. Wir waren zwar etwas müde, als wir an der Biwakschachtel anlangten, ließen uns aber den Gipfel vom Wirt nicht ausreden. Und wir bereuten es nicht.
Die Aussicht reichte vom nahen Pelmo, die Moiazza über die Ampezzaner Dolomiten zur Marmolata bis zu den zierlichen Geisler-Spitzen weit im Norden, unsere Heimatberge, zu denen wir wenig später nach dem Abstieg über den Tiwan-Weg zurückkehren wollten.

IX Civetta/Pelmo/Moiazza

Die Civettagruppe, deren gewaltige Nordwestwandmauer über dem Alleghe-See im Cordevoletal aufragt und deren südliche Seitenkämme von Listolade und Agordo begrenzt werden, war lange Jahre hindurch Prüfstein für die Elite der Felskletterer. Noch »einsamer« war ihr östlicher Nachbar, der Monte Pelmo, ein riesiger Klotz, der das ganze Tal von Buchenstein beherrscht. Obwohl der Gipfel der Civetta höher ist, ihre große Wand die des Pelmo um 300 Meter übertrifft, wirkt der isoliert dastehende Felsstock des Pelmo mächtiger als die in zarten Formen auslaufende Civetta-Mauer. Die Wanderwege hier — verbunden mit einer Gipfelbesteigung über die verschiedenen Klettersteige.— gehören heute zu den alpinsten Touren dieser Art in den Dolomiten.
Der Moiazza-Stock im Süden der Civetta und bisher im Schatten der berühmteren Nachbarn stehend, ist ein ideales Kletter- und Wandergebiet. Mit dem neuen Klettersteig, der den Hauptkamm durchquert, haben die Agordiner eine Attraktion geschaffen, die alles übertrifft, was es bisher an Klettersteigen gegeben hat.
Verkehrsverbindungen: Die Zufahrtsmöglichkeiten in das Civetta-Pelmo-Gebiet sind mehrere. Abgesehen aber von den Straßen über Cortina d'Ampezzo (Aufstieg zum Pelmo über das Boitetal) oder Moena, führt eine Dolomitenstraße südöstlich des Sella-Stocks nach Pieve di Livinallongo und weiter nach Alleghe und Listolade im Cordevoletal, von wo man zur Civetta aufsteigen kann. Der Pelmo-Besucher allerdings hält sich oberhalb Caprile links, um über den Staulanza-Paß (wenig darunter auch bester Zugang zur Civetta von Osten) ins obere Val di Zoldo zu gelangen, wo die wichtigsten Ausgangsorte für den Pelmo-Normalweg liegen.

Die Moiazza erreicht man am besten vom Duran-Paß (von Agordo oder Chiesa) oder auch von Listolade aus.

Tip: Noch nicht überlaufen, besonders in der Moiazza wird der fortgeschrittene Klettersteige-Geher eine Idealtour finden, die ihn in jeder Hinsicht befriedigen muß.

Civetta und Pelmo
im letzten Abendlicht.
Rechts hinter der Civetta
die Moiazza.

Nacht

Die schlimmsten Meter waren dort, wo die flachen Schrofen an das Kar stießen. Kaum vier Meter weit konnten wir sehen: überall Abbrüche, nirgends Steigspuren. Schrittweise tasteten wir uns abwärts; bevor die Nacht kam, mußten wir die Hütte erreichen. Es wurde immer fraglicher, ob wir den Steig nochmals finden würden.

Doch war die Spannung so stark geworden, daß ich nicht mehr an Einzelheiten dachte, ja daß sogar die Sorge um ein Biwak sich auflöste.

Erst in der Hütte wurde uns bewußt, was ein Freilager bei diesem Nebel und Regen bedeutet hätte.

54 Via ferrata Attilio Tissi

Über und unter der »Wand aller Wände«

Die »via ferrata Attilio Tissi« gehört mit dem Pößnecker-Steig in der Sellagruppe zu den ältesten und zugleich kühnsten Steiganlagen im Dolomiten-Raum. Da aber am »Tissi-Weg« einige Klammern locker und zudem leicht überhängende Wandpassagen zu überwinden sind, ist er mit doppelter Vorsicht zu begehen. — Bei Nebel ist im »Van delle Sasse« oder beim Abstieg unterhalb der Torrani-Hütte mit Orientierungsschwierigkeiten zu rechnen.

Für jeden geschulten und erfahrenen Bergsteiger aber ist die Wanderung unter der gewaltigen Nordwestwand der Civetta mit anschließendem Aufstieg über die »via ferrata Tissi« auf den Hauptgipfel eine Tour, die reich an Eindrücken, Ausblicken und Erlebnissen bleibt.

Gipfel/Höhe: Civetta-Hauptgipfel, 3218 m.
Höchste Höhe: 2984 m.
Jahreszeit: Juli bis September.
Ausgangsort: Listolade oder Staulanza-Paß.
Stützpunkt: Vazzolér-Hütte, 1725 m, auch Coldai-Hütte, Torrani-Hütte.
Zugang: Von der Vazzolér-Hütte bis zum Bachbett des Val Cantoni absteigen und nach links (Tafel) der Nr. 558 folgend, unter dem Südfuß des Torre Trieste entlang und weiter durch Latschen, Steilstufen und Schotter ins »Van delle Sasse«.
Einstieg: Am höchsten Punkt des Kars im »Van delle Sasse«.
Markierung: Klammern, Drahtseile, rote Flecken.
Höhenunterschiede/Gehzeiten: Vazzolér-Hütte—Einstieg: ↑ ca. 1050 m, 2½ Std. Einstieg—Torrani-Hütte: ↑ ca. 400 m, 1½ Std. Torrani-Hütte—Gipfel: ↑ ca. 200 m, ½ Std.
Abstieg: Zur Coldai-Hütte: ↓ 3 Std.
Zeitdauer: Tagestour.
Schwierigkeit: Ein Seil ist oft notwendig. Absolute Schwindelfreiheit muß hier vorausgesetzt werden.
Endpunkt: Coldai-Hütte.
Kombinationsmöglichkeiten: Rundwanderung um das Civetta-Massiv, für schwache Kletterer über die Forcella delle Sasse (Nr. 557) zum Tivan-Weg.
Vorschlag: Von der Coldai-Hütte nördlich unter der Nordwestwand entlang und weiter zur Vazzolér-Hütte. Aufstieg über die »via ferrata A. Tissi«, Abstieg über den Tivan-Weg.
Führer/Literatur: Frass, Die schönsten Klettersteige der Dolomiten. Hiebeler, Dolomiten-Kletterführer.

Der grüne Coldai-See unter der »Wand aller Wände«.

55 Via ferrata degli Alleghesi

Über Punta Civetta und Punta Tissi auf den Civetta-Hauptgipfel

Die »via ferrata degli Alleghesi« auf den Civetta-Hauptgipfel, vor Jahren als Abstiegshilfe für Kletterer aus der Nordwestwand angefangen, ist im Laufe der Jahre zu einem gut versicherten Klettersteig für Durchschnittskletterer ausgebaut worden. Die Länge aber und die Steilheit (die Originalroute wies den IV. Schwierigkeitsgrad auf) erfordern Ausdauer und Können. Da die Route im oberen Teil, wo übrigens kaum noch Versicherungen angebracht sind, nicht selten vereist ist, sollte man sich beim Hüttenwirt nach den Verhältnissen erkundigen.
Nur bei gutem Wetter und guten Verhältnissen darf dieser kühne Aufstieg angetreten werden, er verspricht dann immer ein großes Abenteuer zu werden.

Gipfel/Höhe: Civetta-Hauptgipfel, 3218 m.
Höchste Höhe: 3218 m.
Jahreszeit: Mitte Juni bis Ende September.
Ausgangsort: Forcella d'Alleghe, Pècol, Alleghe.
Stützpunkt: Coldai-Hütte, 2135 m.
Zugang: Über den Steig (Tivan-Weg), der unter den Ostabstürzen des Civetta-Kammes entlangführt (1¼ Std.).
Einstieg: Bei der dritten Karausbuchtung verläßt man den Tivan-Weg nach rechts zum Einstieg, deutliche Hinweise.
Markierung: Drahtseile, Klammern, rote Markierungspunkte.
Höhenunterschiede/Gehzeiten: Coldai-Hütte—Einstieg: ↑ ca. 200 m, 1¼ Std. Einstieg—Gipfel: ↑ ca. 900 m, 4 Std. Gipfel—Coldai-Hütte: ↓ 1200 m, 4 Std.
Abstieg: Zur Torrani-Hütte, 3018 m, und über den Normalweg (Tivan-Weg: Drahtseile, rote Flecken) zur Coldai-Hütte.
Zeitdauer: Tagestour.
Schwierigkeit: Große Ausdauer, absolute Trittsicherheit und Schwindelfreiheit werden vorausgesetzt.
Endpunkt: Coldai-Hütte.
Kombinationsmöglichkeiten: Überschreitung der Civetta von Ost nach West.
Vorschlag: ↑ »via ferrata degli Alleghesi«, ↓ »via ferrata Attilio Tissi«, zurück unter der Nordwestwand zur Coldai-Hütte (2 Tage).
Führer/Literatur: Frass, Die schönsten Klettersteige der Dolomiten. Hager, Bergwanderführer Dolomiten. Hiebeler, Dolomiten-Kletterführer.

Die via ferrata degli Alleghesi beginnt senkrecht, wird aber weiter oben flacher. Bei der nötigen Schwindelfreiheit dürfen sich auch ältere Bergsteiger an sie wagen.

IX **Südöstliche Dolomiten/Moiazzagruppe**

56 Ferrata Gianni Costantini

Großartige Moiazza-Überschreitung

An der Moiazza, im Süden der berühmteren Civetta gelegen, verläuft heute der schönste Klettersteig der Dolomiten. Und das in vielerlei Hinsicht: Er führt aus den grünen Waldregionen direkt hinauf in die wilde Bergwelt der südlichen Dolomiten, über Platten, Überhänge und handbreite Simse, immer wieder mit einzigartigen Ausblicken, oft mit atemberaubenden Tiefblicken. Die Versicherungen, nirgendwo übertrieben, sind ein Meisterwerk. Sie sind der Einsatzfreudigkeit einer Gruppe begeisterter Bergsteiger aus Agordo zu danken, die unter der Regie von Beppi Sorarú eine hochalpine Steiganlage geschaffen haben, die alle Reize und Schwierigkeiten der übrigen Dolomiten-Klettersteige in sich vereint.

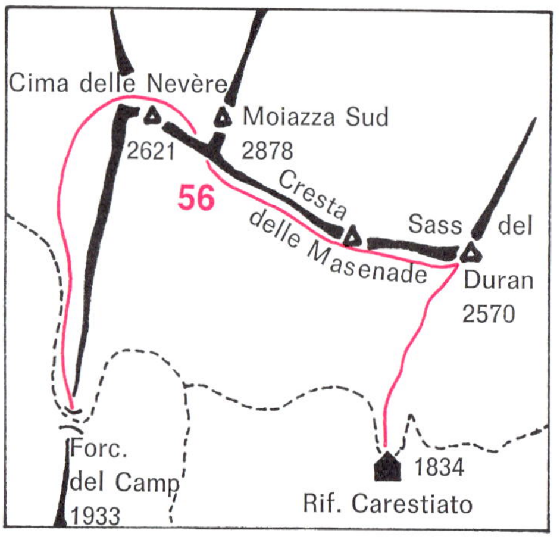

Gipfel/Höhe: Moiazza Süd, 2878 m, nur für Kletterer zu empfehlen.
Höchste Höhe: 2650 m.
Jahreszeit: Anfang Juli bis September.
Ausgangsort: Agordo oder der Duran-Paß.
Stützpunkt: Rif. Bruto Carestiato (1834 m) am Südwestfuß der Moiazza; vom Duran-Paß in 40 Minuten zu erreichen.
Zugang: Vom Rif. Carestiato über einen guten Steig. Zuerst durch den Wald, dann kurz abwärts und über das Kar zu den ersten Drahtseilen an einer großen Plattenwand (ca. 5 Min. von der Hütte).
Einstieg: Über Platten (Drahtseile) links des großen, teilweise begrünten Sporns, der fast bis zur Hütte herunterreicht.
Markierung: Rote Farbflecke, Drahtseile, Steigspuren.
Höhenunterschiede/Gehzeiten: Rif. Carestiato—Cresta delle Masenade: ↑ ca. 900 m, 3 Std. Cresta Masenade—Moiazza Süd (Gipfel): ↑ ca. 150 m, 2 Std. Abstieg über die Nevere-Scharte (2601 m), ca. 2½ bis 3 Std.
Abstieg: Entweder vom Masenade-Grat zur Biwakschachtel Grisetti und weiter zum Duran-Paß oder über die Nevere-Scharte zum Rif. Carestiato.
Zeitdauer: 1—2 Tagestour, 7—9 Stunden. Nur für Geübte an einem Tag möglich.
Schwierigkeit: Leichte Passagen wechseln mit schwierigen Stellen ab. Trotz der vorbildlichen Seilsicherungen der schwierigste Dolomiten-Klettersteig.
Endpunkt: Rif. Carestiato. Bei schlechtem Wetter oder Schnee kann man vom ersten Band (2295 m) oder von der Cattedrale (2557 m) auf relativ leichten Steigen absteigen.
Kombinationsmöglichkeiten: Mit den Klettersteigen an der Civetta; Verbindungssteig Rifugio Vazzoler—Nevere-Scharte.

Überhängende Stelle am Costantini-Steig.

Abstieg über den Zacchi-Steig.

Zur Nachahmung nicht empfohlen

Das Tauwetter hielt noch an, ein kalter, feuchter Wind pfiff stoßweise durch die Scharten, auf den Bändern lag Schlamm, Rinnsale und Wasserfälle rauschten laut durch die Schluchten. Wir waren von der 7°-Alpini-Hütte in das Val di Piero abgestiegen und mühten uns jetzt, da wir eingesehen hatten, daß die triefende Burél-Wand zu gefährlich war, über Latschenhänge und Bänder zurück zum Schutzhaus.
Auch an der Südwand des Schiara-Hauptgipfels klebte noch Schnee von der vergangenen Nacht, aber die Sonne, die jetzt prall in die Wand fiel, saugte ihn von den Bändern und Griffen.
Mehrere Wanderer kamen in einem fröhlichen, durchnäßten Haufen von oben, sie verbreiteten den Geruch von Regen und Schweiß, aber auch die Lust zum Wandern und Steigen. Wir waren zu viert — Ernst Steger, Konrad Renzler, mein Bruder Günther und ich — und hätten wenigstens den Südpfeiler begehen können, in zwei Seilschaften natürlich, oder, wenn auch dieser zu naß wäre, den Zacchi-Weg, diesen kühnen Klettersteig durch die steile Wand unmittelbar über der Hütte.
Nach einer kurzen Diskussion gingen wir los, über Grasrücken und Rinnen hinauf zum Einstieg. Als wir den Wandfuß erreicht hatten, blieben wir rechts unter einem gewaltigen Felsentor stehen und studierten die Wand. Ich legte alle Konzentration in meinen Blick, versuchte die beiden Routen, diese dünnen immaginären Linien, zu finden, um zwischen Südpfeiler und Klettersteig wählen zu können. Es fehlte uns jetzt, bedingt durch Nähe und Froschperspektive, der Überblick, und nur zögernd stiegen wir in den Zacchi-Weg ein. Weiter oben — die Wand dampfte in der Sonne — kletterten wir zu dritt, Ernst war abgestiegen, über den Hiebeler-Pfeiler weiter.
Es war zwar noch alles feucht, am Überhang plätscherte sogar ein kleiner Wasserfall, der Fels aber war warm, warm und rauh, so daß ich ab und zu

versucht war, mehr zu turnen als zu klettern, mich ganz weit herauszulehnen, die Füße höher zu setzen, als es notwendig war, mich mit einer Hand zu halten, um mit der anderen den Freunden zuzuwinken, die am Standplatz unten standen.

Durch diese kurze aber elegante Kletterei in Hochstimmung gebracht, liefen wir über den Berti- und Zacchi-Weg hinunter, balancierend, fröhlich. Nur ganz selten, zwischendurch springend, blieben wir stehen, um die senkrechte Route zu sehen, die wir kurz vorher durchstiegen hatten.
Obwohl wir ursprünglich gekommen waren, um eine der größten Dolomiten-Wände zu wiederholen, haben mich diese beiden Schiara-Tage ganz ausgefüllt und wenn uns jemand in unserem Übermut über die Klettersteige hätte herunterspringen sehen, hätte er wahrscheinlich gedacht, wir seien verrückt geworden. Wir kletterten aber sicher, überlegt, durch die schwierige Felsfahrt in eine überhöhte Aufmerksamkeit versetzt, wir hatten nur das Schild am Rucksack vergessen: »Zur Nachahmung nicht empfohlen«.

X

Die Schiaragruppe

Die bleichen Felsmauern der Schiara, die sich in einem Halbrund über Belluno erheben, sind — obwohl noch immer wenig besucht — ein Idealgebiet für den Begeher von Klettersteigen. Die Schiaragruppe wird im Osten vom Piave- und im Westen vom Cordevoletal begrenzt, im Norden stehen die Civetta, die Moiazza, der Pelmo und die Rocchetta Alta di Bosconero. Obwohl die Gipfel relativ niedrig sind, zählen die Anmarschwege und somit auch die Bergtouren dieser Gruppe zu den längsten und wildesten im gesamten Dolomiten-Raum. Da die Schiara seit 1970 in den Dolomiten-Naturschutzpark fällt, scheint die Erhaltung ihrer Ursprünglichkeit gesichert zu sein.

Verkehrsverbindungen: Durch ihre südliche Lage ist die Schiaragruppe etwas umständlich zu erreichen. Von Westen her bietet sich die Route Trient—Valsugana—Feltre—Belluno (auch mit der Bahn bis Trient und dann Busverbindungen) an. Aber auch über das Pustertal, Cortina, Longarone ist Belluno gut erreichbar. Die Querverbindungen über San Martino di Castrozza, Agordo, Forno di Zoldo kommen bei der Kombination mit Bergtouren in den umliegenden Gruppen in Frage.

Tip: Wenig besuchtes Gebiet, besonders früh und spät im Jahr begehbar.

Am Fuße der Schiaragruppe.

Rast am Bach

Lange konnte der Winter nicht mehr auf sich warten lassen. Ich spürte es am klaren Wasser, das meine Füße umspülte, an der Luft, am Geruch der Moose, die abbröckelten, wenn ich den Hinterkopf ein wenig an der Wand rieb.

Ich saß nur da, an einen Felsklotz gelehnt, die Beine im Wasser und hörte dem Bach zu. Oben in den Wänden der Schiara war es ganz still.

Durch die halbgeöffneten Lider konnte ich sehen, wie buntes Laub in einen Strudel getrieben wurde und absackte.

Alles sackt ab, langsam vielleicht, vielleicht langsamer, als wir denken können, aber mit der Zeit alles.

57 Via ferrata Sperti

Von der Alpini-Hütte bis zur Gusela

Dieser Klettersteig durch die Mitte der zur Schiaragruppe gehörenden Pala-Kette, vorbei an der Biwakschachtel Gianangelo Sperti, erschließt dem Bergwanderer ein Felsenreich von großem Reiz. Zwischen den einzelnen Pala-Gipfeln hindurch führt der vorzüglich versicherte Steig bis zur Gusela del Vescová, einer frei stehenden Felsnadel knapp über der Gusela-Scharte. Hier an der Scharte steht eine zweite Biwakschachtel, bivacco fisso Dalla Bernardina, in der im Falle eines plötzlichen Wettersturzes 6 Personen Unterschlupf finden.

Gipfel/Höhe: Evtl. Schiara-Gipfel, 2565 m.
Höchste Höhe: 2360 m.
Jahreszeit: Von Mai bis Oktober.
Ausgangsort: Bolzano Bellunese, Case Bortot, 707 m.
Stützpunkt: Rifugio 7° Alpini, 1498 m; Biwakschachtel G. Sperti.
Zugang: Von der Alpini-Hütte linkshaltend (Nr. 502, später 504) und ein Bachbett aufwärts.
Einstieg: In eine mit Klammern versicherte Rinne.
Markierung: Nr. 504, Drahtseile, Klammern, Steigspuren.
Höhenunterschiede/Gehzeiten: Alpini-Hütte—Einstieg: ↑ 300 m, 1 Std. Einstieg—Sperti-Scharte: ↑ 450 m, 2 Std. Scharte—Gusela: → ↑ ca. 150 m, 1 Std.
Zeitdauer: Tagestour.
Abstieg: Über den Zacchi-Weg zur Alpini-Hütte oder zur Bianchet-Hütte (teilweise versichert).
Schwierigkeit: Bis auf einige Stellen ist der Sperti-Weg nicht besonders ausgesetzt, aber schwierig.
Endpunkt: Rifugio 7° Alpini.
Kombinationsmöglichkeiten: Mit dem Zacchi-Weg; evtl. auch Gipfelbesteigung über den Berti-Weg.
Vorschlag: Aufstieg über den Sperti-Weg, Abstieg über den Zacchi-Weg, diese Tour wird aber besser umgekehrt gemacht.
Führer/Literatur: Frass, Die schönsten Klettersteige der Dolomiten. Hiebeler, Dolomiten-Kletterführer.

Rast beim Übergang vom Sperti- zum Zacchi-Weg.
Die Gusela del Vescová, am Weg zwischen dem Sperti- und dem Zacchi-Steig, ist eine der zierlichsten und gleichzeitig eindrucksvollsten Felsgestalten der Dolomiten.

X Dolomiten/Schiaragruppe

58 Via ferrata Zacchi

Einer der eindrucksvollsten Klettersteige der Alpen

Der Zacchi-Weg, eine der kühnsten Steiganlagen dieser Art überhaupt, führt diagonal durch die steilen Südabstürze des Schiara-Gipfels. Obwohl in großer Zahl Steighilfen angebracht sind, verlangt dieser Klettersteig mehr Trittsicherheit und klettertechnische Erfahrung als viele andere, weil immer wieder ungesicherte Passagen geklettert werden müssen.

Die große Ausgesetztheit dieses Klettersteiges sowie die vielfach belassenen Schwierigkeiten schrekken Anfänger mit Recht ab, dem erfahrenen Hochgebirgswanderer aber verspricht gerade diese Tatsache ein großes Erlebnis.

Gipfel/Höhe: Evtl. Schiara-Gipfel, 2565 m.
Höchste Höhe: 2320 m.
Jahreszeit: Mai bis Oktober.
Ausgangsort: Belluno und weiter zu den Case Bortot.
Stützpunkt: Alpini-Hütte, 1498 m.
Zugang: Von der Alpini-Hütte über einen guten Steig über Grashänge zum Einstieg.
Einstieg: Rechts des von weitem sichtbaren »Porton«, ein Felsenportal am Wandfuß, Drahtseilversicherungen.
Markierung: Nr. 503, Steigspuren, Leitern, Klammern, Halteseile.
Höhenunterschiede/Gehzeiten: Alpini-Hütte—Einstieg: ▲ 300 m, ¾ Std. Einstieg—Biwakschachtel: ▲ 550 m, 3 Std.
Zeitdauer: Tagestour.
Abstieg: Am besten über den Sperti-Steig oder das Val Vescová.
Schwierigkeit: Der Zacchi-Weg ist schwierig und oft sehr ausgesetzt, Kletterkönnen ist Voraussetzung.
Endpunkt: Alpini-Hütte.
Kombinationsmöglichkeiten: Abstieg über den Sperti-Weg oder Gipfelbesteigung und Schiara-Überschreitung.
Vorschlag: Aufstieg über den Zacchi-Weg, Überschreitung des Schiara-Gipfels über den Berti-Weg und Abstieg über den Marmol-Steig.
Führer/Literatur: Frass, Die schönsten Klettersteige der Dolomiten. Hiebeler, Dolomiten-Kletterführer.

Einen Steinschlaghelm sollte man immer aufsetzen, auch im Herbst, wenn sonst niemand mehr unterwegs ist. Ansonsten sind feste Bergschuhe, Erfahrung und Können Voraussetzung für den Erfolg, weniger die Bekleidung, die der Mode unterliegt.
Die via ferrata Zacchi im südlichsten Teil der Dolomiten ist teilweise sehr ausgesetzt, aber von einzigartigem Reiz.

59 Via ferrata Marmol

Die Diagonale durch die Schiara-Südostwand

Die »via ferrata Marmol«, im Jahre 1967 fertiggestellt, umgeht die gefährliche Eisschlucht unterhalb der Forcella Marmol und ermöglicht so einen interessanten und gleichzeitig objektiv ungefährlichen Übergang aus dem nördlichen Hochtal »Canale Marmol« zur Alpini-Hütte. Eine geräumige Biwakschachtel — »bivacco fisso Marmol« — bietet im Falle von dichtem Nebel Unterschlupf, gleichzeitig ist sie — wie auch die roten und blauen Markierungsflecken — eine Orientierungshilfe.

Gipfel/Höhe: Evtl. Schiara-Gipfel, 2565 m.
Höchste Höhe: Ca. 2400 m.
Jahreszeit: Mai bis Oktober.
Ausgangsort: Belluno und weiter zu den Case Bortot.
Stützpunkt: Alpini-Hütte.
Zugang: Wie zur »via ferrata Zacchi« bis zum Rücken oberhalb eines Kamins.
Einstieg: Über ein drahtseilversichertes Band, Wegweiser.
Markierung: Nr. 514, Steigspuren, Leitern, Drahtseile.
Höhenunterschiede/Gehzeiten: Alpini-Hütte—Beginn Marmol-Steig: ↑ ca. 400 m, 1½ Std. Beginn Marmol—Scharte: ↑ ca. 500 m, 2½ Std.
Zeitdauer: Tagestour.
Abstieg: Diese Route wird meist im Abstieg begangen.
Schwierigkeit: Die teilweise steile und ausgesetzte Steiganlage verlangt Trittsicherheit und Schwindelfreiheit.
Endpunkt: Alpini-Hütte.
Kombinationsmöglichkeiten: Die »via ferrata Marmol« wird bei der Schiara-Überschreitung meist als Abstiegs-Route gewählt.
Vorschlag: Schiara-Überschreitung mit Abstieg über den Marmol-Steig; dieser Klettersteig wird im Rahmen der Dolomiten-Hochroute als Übergang aus dem Hochtal »Canale Marmol« zur Alpini-Hütte benutzt.
Führer/Literatur: Frass, Die schönsten Klettersteige der Dolomiten. Hiebeler, Dolomiten-Kletterführer.

Besonders im Herbst, wenn sonst überall Schnee liegt, ist die Begehung der Schiara-Klettersteige — hier die via ferrata Marmol — ein besonderer Genuß. Man ist dann meist allein und die Aussicht reicht viel weiter als im Sommer.

60 Via ferrata Berti

Die Überschreitung des Schiara-Gipfels

Die Besteigung des Schiara-Gipfels über die »via ferrata Berti« ist nicht schwierig, aber verwickelt. Besonders an klaren Tagen, die in der Schiara allerdings selten sind, empfiehlt sich eine Gipfelbesteigung. Der Blick von Süden her auf die markantesten Dolomiten-Stöcke ermöglicht einen neuen Einblick in diese zum Teil so verspielten Bergformationen. Mit dem Abstieg über den Ostgrat und den Vorgipfel zur Marmol-Scharte ergibt sich eine großartige Überschreitung.

Gipfel/Höhe: Monte Schiara, 2565 m.
Höchste Höhe: 2565 m.
Jahreszeit: Juni bis Ende September.
Ausgangsort: Belluno, Case Bortot.
Stützpunkt: Alpini-Hütte, Biwakschachtel »Ugo Dalla Bernardina«, 2320 m.
Zugang: Über die »via ferrata Zacchi« bis knapp vor die Gusela-Scharte.
Einstieg: Vom Zacchi-Band (knapp vor der Biwakschachtel) auf ein nach links aufwärtsziehendes Band.
Markierung: Nr. 504, Steigspuren, Drahtseile.
Höhenunterschiede/Gehzeiten: Alpini-Hütte—Biwakschachtel: ↑ 850 m, 3½ Std. Einstieg—Gipfel: ↑ 280 m, 1 Std. Gipfel—Bivacco Marmol: ↓, 1½ Std.
Zeitdauer: Tagestour.
Abstieg: »Via ferrata Marmol«.
Schwierigkeit: Auf Grund der etwas verwickelten Routenführung ist viel Bergerfahrung notwendig.
Endpunkt: Alpini-Hütte.
Kombinationsmöglichkeiten: Mit den drei anderen Klettersteigen in der Schiara.
Vorschlag: Aufstieg über den Zacchi-Weg, weiter über den Berti-Weg zum Gipfel, Überschreitung nach Osten, Abstieg über den Marmol-Weg.
Führer/Literatur: Frass, Die schönsten Klettersteige der Dolomiten. Hiebeler, Dolomiten-Kletterführer.

Die steile Südwand des Schiara-Hauptgipfels wird von zwei Klettersteigen durchzogen. Ein dritter, der Berti-Weg, führt über den rechten Grat zum höchsten Punkt. Die beiden Buchen unten rechts im Bild sind vermutlich die höchsten Buchen der Alpen (ca. 1800 m).

Kleines alpinistisches Wörterbuch

DEUTSCH—ITALIENISCH

Abgrund	precipizio, baratro
Abkürzung	scorciatoia
abseilen	calarsi
Abstieg	discesa
Abzweigung	diramazione
Alleingänger	scalatore solitario
anseilen	legarsi, incordarsi
anstrengend	faticoso
Aufstieg	salita, ascensione
ausgesetzt	esposto
Ausrüstung	equipaggiamento
Band	cengia
Bergrutsch	franamento
Bergschuhe	scarponi
Besteigung	ascensione
bewölkt	nuvoloso
Biwak	bivacco
Blitz	fulmine, folgore
brüchig	friabile
Drahtseil	fune metallica
Einstieg	attacco
Eis	ghiaccio
Eispickel	piccozza
Eisrinne	canalone ghiacciato
Fahrstraße	strada carrozzabile
Felsriegel	masso di sbarramento
Felssporn	sperone
Felsvereisung	vetrato
Firn	nevaio
fixes Seil	corda fissa
führerlos	senza guida
Gipfel	vetta, cima
glatt	liscio, levigato
Gletscher	ghiacciaio
Gletscherbrille	occhiali da neve
Grat	cresta, crestone
Griff	appiglio
hacken	gradinare
Haken	chiodo
Hochebene	altipiano
Höhle	caverna, grotta
Hütte	rifugio, capanna
Kamin	camino
Karabiner	moschettone
Klemmblock	masso incastrato
klettern	arrampicare
Knoten	nodo
Lawine	valanga
Marschzeit	tempo di marcia
naß	bagnato
Nebel	nebbia
Reepschnur	cordino
Route	itinerario, percorso
Schnee	neve
schräg	obliquo
schwierig	difficile
Seil	corda
sichern	assicurare
Spur	pista
Steig	sentiero
Steinmann	ometto di pietra
Stufen schlagen	gradinare
Tal	valle, vallone
Tritt	appoggio
Überschreitung	traversata
Unterstand	riparo
Wettersturz	cambiamento repentino del tempo

ITALIENISCH—DEUTSCH

aggirare	umgehen
altipiano	Hochebene
antecima	Vorgipfel
appiglio	Griff
appoggio	Tritt
arrampicare	klettern
assicurare	sichern
attacco	Einstieg
bagnato	naß
bivacco	Biwak
bivacco fisso	Biwakschachtel
caduta di sassi	Steinschlag
camino	Kamin
canalone	Rinne
caverna	Höhle
cengia	Leiste, Felsband
chiodo	Haken
cima	Gipfel
corda	Seil
corda fissa	fixes Seil
cordino	Reepschnur
cresta	Kamm, Grat
difficile	schwierig
diramazione	Abzweigung
discesa	Abstieg
equipaggiamento	Ausrüstung
esposto	ausgesetzt
faticoso	anstrengend
friabile	brüchig
fune metallica	Drahtseil
galleria	Tunnel
ghiacciaio	Gletscher
ghiaccio	Eis
ghiaia	Kies
gradinare	Stufen schlagen
incordarsi	anseilen
itinerario	Weg, Route
liscio	glatt
morena	Moräne
moschettone	Karabiner
mulattiera	Saumweg
nebbia	Nebel
neve	Schnee
nodo	Seilknoten
ometto	Steinmann
parete	Wand
piccozza	Pickel
placca	Platte
ponte	Brücke
pulpito	Kanzel
punta	Spitze
ramponi	Steigeisen
rifugio	Hütte
ripido	steil, abschüssig
salita	Aufstieg
scarpone	Bergschuh
scorciatoia	Abkürzung
sentiero	Steig, Weg, Pfad
senza guida	führerlos
sorgente	Quelle
spaccatura	Kluft
strada carrozzabile	Fahrweg
tempo	Wetter
tenda	Zelt
terrazzino	Absatz
torre	Turm
traversata	Querung, Überschreit.
valanga	Lawine
valle	Tal
vetrato	Vereisung
vetta	Gipfel
via	Weg, Route

INHALT

Bildnachweis: Alle Fotos mit Ausnahme der Bilder auf Seite 78 (D. Oswald), Seite 16, 83, 106 (J. Förg), Seite 27 (H. L. Stutte), Seite 49 (F. A. Blumenthal), Seite 97 (F. Walder), Seite 120 (M. Mehlig), Seite 92, 99, 115 (W. Beikircher), Seite 118 (F. Bormann, G. Zandó) sind von Reinhold Messner.

Die Schwarzweißfotos stammen von: Foto Capri, Auronzo; Foto Ghedina, Cortina; Foto Kelemina; Foto Pedrotti, Trient; Foto Pramstaller, Brixen; Foto Trocker, Kastelruth; Ronsdorf, Amsterdam; Reinhold Messner.

Skizzen: Engelbert Weirather
Vorsatzkarte: Berann

Weitere Bergbücher von Reinhold Messner

Klettersteige I: Dolomiten

60 gesicherte Höhenwege zwischen Brenta und Drei Zinnen. 144 S., 77 Farbfotos, 2 Vorsatzkarten, 44 Abbild., 18,5 x 25 cm, lam. Pp.
»Messner gibt alle wichtigen Angaben sehr präzise und exakt an. Ausgangsort, Stützpunkt, Markierungen, Höhenunterschiede, Gehzeiten, Kombinationsmöglichkeiten usw. geben ein sehr genaues Bild der zu erwartenden Schwierigkeiten . . .« (DRS)

Aufbruch ins Abenteuer

Bergerlebnisse aus fünf Kontinenten. 160 S., 38 Farbtafeln, 11 Schwarzweißillustrationen, 18,5 x 25 cm, lam. Pp.
»Ein sehr gut geschriebenes Erlebnisbuch aus verschiedenen Lebensabschnitten des Verfassers, das vor allem ganz hervorragend ausgestattet ist . . . In den Text eingestreut sind verschiedene alpine Regeln, Hinweise und Nutzanwendungen . . .« (Österr. Alpenzeitung)

Bergvölker der Erde

. . . ehe ihre Spur verweht. 136 S., 94 Farbfotos, 21 Kartenskizzen, 1 Weltkarte, 1 Vorsatzbild, 18,5 x 25 cm, lam. Pp.
»In der Sprache, in der Ausstattung und in der Erfassung des Themas ist Reinhold Messners Buch ‚Bergvölker der Erde' nicht nur eines der schönsten, sondern auch eines der tiefgehendsten.« (ORF, Studio Tirol) - Ausgezeichnet mit dem Sachbuchpreis des DAVs.

Zurück in die Berge

Bergsteigen als Lebensform. Gedanken und Bilder. 120 S., 58 Abbild. von Ernst Pertl, davon 41 farb., 23 x 30 cm, lam. Pp.
»Messner versucht hier eine kritische Bestandsaufnahme der Bergsteigerei, eine Abgrenzung und einen Vergleich mit dem Alltagsleben . . .« (Der Bergsteiger)
»Messners Gedanken fordern zur Diskussion heraus — und niemand wird leugnen können, daß dieses Buch die alpine Literatur erheblich bereichert.« (Bayerischer Rundf.)

Arena der Einsamkeit

Expeditionen gestern, heute, morgen. 136 S., 165 Abbild., davon 127 in Farbe, 2 Vorsatzbilder, lam. Pp.
»Das große Buch der Expeditionen . . . raffiniert und erlesen aufgemacht.« (DAV, Frankfurt)
»Ein rundherum schöner Geschenkband mit hervorragend gedruckten Bildern und selten gesehenen Schwarzweißaufnahmen aus der Pionierzeit des Expeditionswesens.« (Der Bergsteiger)

Alle hier vorgestellten Titel gibt es auch in italienischen Ausgaben.

ATHESIA
VERLAG
BOZEN

Pfroslkopf
3148
Glockhaus
3101
Verpeilsp.
Watzesp.
Hoho Geigo
3395
Wilde Leck
3358
Dresdner H.
Nürnberger H.
2297
Tribulaun
3096
Brenner
Sölden
1377
Hochsölden
2090
Zuckerhütl
3507
Wilder Freiger
Feuerstein
3265
Becherhaus
Sandjöchl
2166
Brennerbad
Innerpflersch
Pflerschtal
Hühnerspiel
2749
Geislacher Kogl
Zwieselstein
1472
Botzer
3251
Wettersp.
2709
Gossensaß
1098
Breunschweiger H.
Mittelberg
Plangeroß
Glockturm
3356
Gepatsch H.
Vernagtsp.
3531
Wildspitze
3774
Breslauer H.
Hochgurgl
2150
Timmelsjoch
2497
St. Martin am Schneeberg
2355
Rabenstein
Ridnaun
Ridnauntal
Mareit
H. Ferse
2669
Sterzing
948
Thuins
Wiesen
Sprechenstein
Trens
Stange
Reifenstein
Freienfeld
Ötztaler Alpen
Brandenburger Haus
Rofen
2014
Vent
1893
Ramolkg.
3551
Obergurgl
1927
H. Kreuzspitze
2743
Ratschingstal
Bichl
Stilfes
Melag
Weißkugel H.
2544
Hochjoch Hospiz
2423
Schalfkg.
3536
Hochwilde H.
2883
Hochfirst
3403
Moos in Passeier
Stuls
2094
Jaufenpaß
Jaufental
Mittertal
Walten
Jaufenburg
Penser Joch
2215
2422
Weißkugel
3736
Hochjoch
2875
Niederjoch
3017
Pfelders
St. Leonhard in Passeier
Sandhof
Hochwart
2746
Weißhorn
2705
Tagewaldhorn
2708
Hochwilde
3479
Kolbensp.
2868
St. Martin in Passeier
Weißenbach
Pens
Flaggerscharten H.
2481
Jakobsp.
2742
Salurnspitze
3434
Kurzras
2011
Similaun
3602
Lodner Sp.
3228
Rabenstein
Durnholz
Hirzer
2781
Aberstückl
Unserfrau
Schnalstal
Lodner H.
2259
Texelsp.
3317
Texelgruppe
Passeier
Saltaus
Verdins
Sarntaler Alpen
2581
Kassiansp.
Matsch
Litzner Sp.
3206
Mastaun
3198
Karthaus
Riffian
Kuens
Tirol
Schönna
2675
Ifinger
2552
Kirchsteiger A.
Reinswald
Gamseck
2912
Katharinaberg
Partschins
Algund
Marling
Burggrafenamt
MERAN
324
Nordheim
Astfeld
Villandersbg.
2509
Garnstei
Glurns
Mals
Naturns
Juval
Dornsbg.
Plaus
St. Martin am Vorberg
Kastelbell
Goldrain
Eyrs
Kortsch
Schlanders
Laas
Latsch
Vinschgau
Morter
Montan
Tarsch
Vigiljoch
Tscherms
St. Katharina
Hafling
2086
Sarnthein
Rittner Horn
2259
Villanders
Hochwart
2608
Lana
Burgstall
Vöran
Möltner Joch
1733
Bundschen
Barbian
Kollmann
Laaser Sp.
3305
Meiern
Gand
Peilstein
2542
St. Pankraz
Völlan
Gargazon
Mölten
Verschneid
Salten
1467
Tisens
Afing
Wangen
Lengstein
Hasenöhrl
3257
St. Walburg
Gfrill
Vilpian
Prissian
Terlan
Nals
Neuhaus
Wangen
Klobenstein
Atzwang
St. Maria i.d. Schmelz
Kuppelwies
Laugensp.
2434
1512
Gampenjoch
Unsere lb. Frau im Walde
Andrian
Jenesien
Oberbozen
Runkelstein
Zufrittsp.
3439
St. Nikolaus
Ultental
2627
Hochwart
Hocheppan
BOZEN
262
Unterinn
Martelltal
H. Paradies
2020
Eggenspitze
3443
St. Gertraud
Ilmensp.
2656
Proveis
St. Felix
Gantkofel
1866
Boymont
Sigmundskron
Kardaun
Karneid
Blumau
Steinegg
Rabbijoch
2467
Lanza
Laurein
Castelfondo
Fondo
988
St. Pauls
Eppan
Kohlerer Berg
1616
Stadlegg
St. Jakob
Eggental
R. Larcher
2607
Rumo
Brez
Penegal
1737
1363
Überetsch
Leifers
Piazzola
Val di Rabbi
Bagni di Rabbi
le Mandrie
2583
Bresimo
Preghena
Livo
Mendelpaß
Cavareno
Pfatten
Kaltern
Branzoll
Deutschnofen
S. Bernardo
Cis
Revò
Romeno
St. Josef am See
Petersbg.
Weißenstein
P. Cercen
2623
Cima Mezzana
2845
Caldes
Cles
658
S. Romedio
Roën
2116
Überetsch H.
1775
Aldein
Weißhorn
2318
Lavazèjo
1807
Pèio
Cògolo
1160
Malè
Dimaro
Tuenno
630
Còredo
Tàio
Sfruz
Tramin
Auer
Montan
Schwarzhorn
2439
Cima di Boai
2684
Mezzana
Fucine
Pellizzano
Mt. Pèller
2319
Vervò
Kurtatsch
Truden
St. Lugan
Cavalese
Ossana
Vermiglio
Val Meledrio
Flavon
Mollaro
Penon
Margreid
Neumarkt
Hornsp.
1781
Altrei
Tèsero
Sasso Rosso
2645
1178
L. di Tovel
Denno
Thun
Unt. Fennbg.
Gfrill
Castello di Fiemme
R. Stavel
2298
Campo Carlo Magno
1682
2676
Rovere della Luna
Kurtinig
Laag
Capriana
Valfloriana
Madonna di Campiglio
1500
Salurner Klause
Salurn
Grumes
Sover
2371
R. Amola
3558
Spormaggiore
Mezzocorona
Valda
Mezzolombardo
S. Michele all'Adige
Faver
Brusago
Cima Brenta
3150
Carisolo
Fai d. Paganella
Cembra
Mt. Croce
2490
2047
P. Manghen
Pinzolo
770
Val Rendena
Cima Tosa
3173
2491
Andalo
Paganella
2125
Giovo
Albiano
Val di Cembra
Bedollo
Val Genova
Molveno